日本知人들의 職業觀

玄義松

세창문화사

日本 知人들의 職業觀

초판 1쇄 인쇄 2022년 11월 4일
초판 1쇄 발행 2022년 11월 11일

지은이 현의송
펴낸이 김충수

펴낸곳 세창문화사
출판등록 제 374-2014-000045호
주소 | 경기도 수원시 장안구 천천로 233 (5층)
전화 | 1544-1466
팩스 | 031) 269-6366
홈페이지 | www.scprint.co.kr

가격 15,000원
ISBN 979-11-91820-38-6 (03300)

서문

우리 모두는 한국인 일본인이면서 함께 지구촌 시민이다. 유엔은 지금 세대를 지구촌을 구할 마지막 세대로 규정했다. 오늘날과 같은 환경파괴, 분쟁, 빈곤, 불평등 등으로 복잡한 지구 위기를 우리 모두가 함께 해결하지 않으면 지구촌 모두의 존속이 불가능하다는 것이다. 이를 해결할 중요한 역할을 협동조합이 나서서 해내야 한다고 생각한다.

타인에 대한 배려와 지역사회에 대한 봉사와 공헌을 중심으로 하는 협동조합은 지구촌 입장에서 최적의 조직이다. 자연의 은혜를 받아 농산물을 생산하는 농민에게 기후변화는 생업과 직결되고, 국민의 생활과 건강을 지키는 농업인 조합원은 SDGs를 선도해야 할 의무가 있다.

SDGs 2030 어젠다는 17개 목표 아래 169개의 세부목표와 244개의 지표로 구성돼 있다. 이는 모든 국가가 참여해 추진해야 할 행동계획이다. 지금 상태로는 지구촌이 존속할 수 없다는 위기감에서 미래에도 계속될 수 있는 지속가능한 지구촌을 목표로 한다.

SDGs의 목표는 지구환경을 지키며 인류가 존엄성을 갖고 살 수 있는 사회를 이루고 인류 모두에게 풍요롭고 지속가능한 생활과 경제를 실현할 수 있도록 한다. 2016년 당시 반기문 유엔사무총장은 “협동조합은 평등과 민주적 참가 원칙을 지키고 조합원 누구도 예외로 하지 않는다는 SDGs 원칙을 이미 실현하고 있다”고 평가했다. 유엔은 농업과 환경 등에 대한 국제적 과제와 SDGs를 2030년까지 협동조합 조직과 함께 달성한다는 목표를 수립했다.

코로나19로 인한 지구촌 팬데믹이 오랫동안 지속되었다. 프란치스코 교황은 코로나19로 인한 혼란으로 시장경제의 한계점과 모순이 드러났다고 말했다. 모든 나라의 국민들이 경기침체로 일상생활에 어려움을 겪고 있다. 지구촌 모두의 신토불이 생활화와 SDGs 달성을 위한 협동조합의 활발한 활동으로 지구촌의 이러한 과제들을 해결해야 한다. 한국과 일본 양국 국민의 신토불이(身土不二) 운동과 지산지소(地産地消) 운동의 실천, 협동조합 운동으로 SDGs 목표 달성을 이루어야 한다.

필자는 30여 년 동안 한국과 일본을 왕래하며 많은 사람의 협력을 받고 교류해온 지인들의 이야기를 한일 양국어로 합본해서 출간했습니다. 한국과 일본 양국이 선린우호관계를 돈독히 하면서 더욱 발전하기를 기원합니다.

** 참고: 동일한 내용의 일본어판을 후반부에 첨부했습니다.

목차

1

한적한 온천마을을 예술문화관광지로 만든 나카야겐타로(中谷健太郎)씨

한적한 온천마을을 예술문화관광지로 만든 나카야겐타로(中谷健太郎)씨

유후인(由布院)이라는 한적한 농촌 온천마을을 이제까지 수십 차례 방문했으나 겉만 보고 지나치는 경우가 흔했다. 어느 날 인접 오야마(大山) 농협의 조합장 야하다(矢羽田)와 함께 가메노이(龜ノ井) 호텔의 주인 나카야겐타로(中谷健太郎, 86세)씨와 인사를 나누고 교류가 시작되면서 유후인의 발전 배경을 이해하게 되었다.

나카야 등 지도자 3명은 1960년 대 초 독일 등 유럽의 온천지역을 3개월 동안 시찰연수하면서 유후인의 미래발전방안을 기획 작성했다. 이를 바탕으로 예술문화와 농촌경관을 핵심테마로 설정하고 지속적으로 지역주민과 행정의 합의를 이루어 온 결과로 오늘의 유후인이 탄생했다. 유후인은 산 넘어 있는 벳푸(別府)와는 차별화해서 환락지 같은 이미지가 아니고 오히려 순수한 「건강과 힐링의 온천지」라는 이미지가 독특하다. 관광에 관한 사회경제적인 동향과 일반인의 인식의 변화를 미리 예측하고 지역주민이 주체가 되어 사회변화에 맞는 방향으로 농촌경관과 예술문화관광공간으로 발전시켜 왔다.

이들은 온천에 대한 지향성이 保養, 療養으로 전환될 것으로 미리 예측했다. 유후인은 이러한 시대의 흐름을 미리 파악하고 아주 적합한 관광공간으로 발전시켜 왔다.

또 유후인의 온천자원, 자연경관과 함께 가장 중요한 요소 중 하나는 지역 내에 산재해 있는 미술관이나 갤러리 등 예술문화관광시설이 있다는 점이다. 단순한 온천관광지로 멈추지 않고 발전하여 현재는 일본에서도 손꼽히는 〈예술의 마을〉로 널리 알려져 있다.

지도자 중 한 사람인 읍장은 〈인접 벳푸를 보고 벤치마킹하면 영원히 벳푸의 뒤를 따라 갈 뿐이다. 풍부한 대자연과 광범위한 생활공간을 갖고 있는 유후인을 작은 벳푸로 만들어서는 미래가 없다. 유후인은 벳푸에는 없는 건강을 중시하는 힐링의 온천지를 지향해야 한다.〉고 주장했다. 이런 주민들의 뜻을 1959년 후생성에 건의해서 〈국민보양온천지〉로 지정을 받았다.

예술의 마을

1966년에는 '일본관광 100선'으로 지정되었고 급증하는 관광객 수요에 대응하기 위해 여관경영자들이 「행동하면서 공부하는 10인회」를 조직했다. 그때부터 각 여관의 명물요리를 공동개발하는 등 전통여관 만들기가 시작되었다.

한편 1억 명 전일본인여행시대라고 하는 시대흐름을 타고 유후인에는 관광객이 급증했다. 주민 중심으로 「내일의 유후인을 생각하는 모임」을 자발적으로 만들고, 유후인의 목가적 풍경을 난개발로부터 지키기 위해 축산진흥을 위한 「소한마리목장주운동」이 시작되었다.

예술문화관광지

우선 1975년 '유후인 음악제', '소고기 먹고 고함지르기' '유후인 영화제'가 개최되면서 유후인이라는 마을이 전국에 그 이름이 널리 알려지게 되었다. 유후인음악제는 실내악을 중심으로 한 토속적인 음악제로서 착실하게 발전해 왔다. 유후인에는 음악 홀 등의 시설은 없고, 공민관, 골프장의 클럽하우스, 호반의 레스토랑, 호텔의 로비, 미술관 등 다양한 회장을 연주자나 관객이 순회하면서 개최하는 것이 오히려 음악제의 매력이 되고 있다.

유후인 영화제는 〈영화관이 없는 마을, 그러나 여기에 영화가 있다〉라는 캐치프레이즈로 시작했다. 지금은 이 영화제가 일본영화제의 대표격이라는 평가도 듣고 있다. 여기에 '어린이 영화제', '유후인 영화애호회' 등 지역밀착형 활동도 하고 있다.

1980년대에 들어 「유후인민예촌」, 「공상의 숲 미술관」 등 미술작품의 전시를 주체로 한 본격적인 예술문화관광시설이 오픈되면서 예술이 농촌경관과 함께 어우러지는 명실상부한 「예술의 마을」이 탄생하게 된다.

1984년에는 유후인 긴린코(金鱗湖) 근처에 현재의 유후인 미술관의 전신인 사토게이(佐藤溪)미술관이 개관했다. 히로시마 출신의 사토씨는 「예술종교의 교주」 같은 화가로 이름이 알려져 있다. 그의 유작을 지역주민인 다카하시(高橋鴿子)가 모두 매입하여 미술관에 기증했다.

예술의 일상화

이러한 음악제, 영화제가 10년째가 되어 전국적으로 유명하게 되었다. 관광객 수도 연간 400만 명이 찾는 관광지가 되었다.

마을 전 지역에서 전개되는 예술의 거점을 연결함으로써 유후인이라는 지역을 단위로 한 미술전의 개최가 가능하게 되고 음악제, 영화제 등이 연대하면서 「예술의 일상화」가 달성되었다는 평가를 받는다.

이제까지 미술관이나 갤러리 등 시설 내에서 실시해 온 미술전이 지역이라는 범위에서 자유롭게 전개되고, 주민의 일상생활 내에 예술이 들어오게 된 것이다. 이것이야말로 유후인의 예술문화관광공간의 원점이라고 생각한다.

1989년에는 「열차미술관」이라는 「유후인 숲길」 열차가 달리기 시작했다. 이 열차에는 「유후인숲 예술갤러리」라는 특설코너가 있어서 오이다(大分)시 출신으로 지역에서도 인정받는 건축가 磯崎新의 전람회를 비롯해서 유후인 마을과 관계가 있는 다양한 기획전이 개최되고 있다. 이로써 단순한 열차가 새로운 형태의 문화거점으로 주목받게 되었다.

유후인 역은 주변의 경관을 배려하는 등 미술관, 음악회,

영화, 연극 등으로 활용할 수 있는 예술갤러리를 마련함으로써 역 전체가 「박물관」의 기능을 갖고 있다는 점이 특징이다. 이 시설의 운영은 마을 내에 있는 미술애호그룹에 의해 관리되고, 「예술의 유후인」라는 이미지가 정착하게 되었다.

이외에도 미술관, 박물관 등 유료입장시설 10개소, 반공공적 전시 공간 3개소, 화랑 등 예술 공간 20개소 이상이 운영되는 등 유후인 예술은 끊임없이 변신하고 있다. 종합예술이 「지역」이라는 단위에서 처음으로 시도되었다는 높은 평가를 받고 있다. 그 후 전국 각지에서 동일한 방법의 미술전이 지속적으로 열리는 것을 보면 유후인은 현대의 지역미술의 발전에 큰 영향을 미쳤다고 볼 수 있다.

지붕 없는 박물관

유후인의 각종 관광시설, 역사적 건축물, 역사적 전통거리 모습 등이 「지붕 없는 박물관」이라는 관점으로 보게 되고 이것이 주민공유의 귀중한 재산이라는 인식이 정착된다면 금후의 지역문화나 지역의 독창성은 무한의 가능성을 갖고 변천할 수 있을 것으로 예측된다.

유후인 마을에서 「음악제」, 「영화제」, 「미술전시회」 등으로 출발한 문화 활동은 마을에 활기를 가져오고 새로운 형태의 지역사회와 지역문화를 발전시켰다고 볼 수 있다.

즉 예술이라는 요소를 「미술관, 화랑」 등의 시설에서 「마을·지역·환경」이라는 틀 전체로 전개해야 한다는 새로운 개념이 탄생하는 계기가 되었다. 그 결과 현대 예술과 유후인의 마을 지역 환경이 조화를 이루는 일본 특유의 관광공간이 탄생했다. 즉 단순한 온천만이 아니고 「치유·힐링」의 효용 등 일본인의 관광지향성이나 욕구에 적합한 관광공간이 되고 있다는 평가도 있다.

농촌자연환경보호조례

유후인이 관광지로 알려지자 유후인산 남쪽에 대형 골프장 건설, 별장주택지 건설, 사파리공원 건설, 대형맨션 건설, 광고탑 건설 등이 줄을 이었다. 이를 보고 나카야겐타로 등 지도자들은 「유후인 자연을 지키는 모임」을 결성하고 주민 모두의 의견을 모아 반대 운동으로 난개발을 막았다. 자연을 지키는 모임을 확대 개편해서 「미래의 유후인을 생각하는 모임」으로 명칭을 변경, 목초지와 농경지를 난개발에서 지키고 다시 농업생산현장으로 재탄생시키기 위해서 1972년부터 「소 한 마리 목장주 운동」을 시작했다.

여기에 행정에서도 그해 유후인 읍 자연환경보호조례를 제정하고 읍 전역을 자연환경구역으로 지정했다. 또 법규제를 넘어선 보다 세밀한 규제를 위해 읍장의 자문기관으로 「유후인 읍 환경디자인회의」를 발족시켜서 개발요건에 대한 전문가의 의견을 행정에 반영시킬 수 있도록 했다.

최근에는 나카야(中谷)씨와 편지 왕래를 자주하고 있는데 이런 이야기도 있다. 그가 고등학교 3학년 때, 사랑채 건물이 한국인 종업원의 실수로 전소되었다. 한국인 종업원은 본인의 책임을 인정하고 3년 동안 월급을 안 받는다고 했고, 그의 희생 덕분으로 나카야씨는 동경의 대학에 진학할 수 있었다고 한다. 또 아사카와다쿠미의 한국사랑 이야기를 전해 듣고는 그의 조부가 동해 쪽 노도반도에서 살다가 벳푸 개발의 선구자 아부라야구마하치(油屋熊八)와 함께 유후인으로 이주했으며 자기 가족 모두는 푸른 몽고반점이 선명히 있다면서 그의 선조도 고구려족의 후손일거라는 이야기다. 그는 늘 한국의 간장게장이 최고의 맛이라면서 극찬한다.

동경에서 영화감독으로 승승장구하던 나카야는 부의 사망으로 가업을 이어야 한다는 모친의 부름을 받고 귀향해서 여관업을 이어받고 고향을 발전시키기 위해 평생을 헌신하는 그의 직업관과 천직의식은 우리에게도 귀감이 된다.

좌측에서 첫 번째는 나카야겐타로씨, 세 번째는 한호선 농협중앙회장, 다섯 번째는 나 훈 광주야구협회장

2

광주일고 야구팀을 후원하는 기타무라슌사쿠(北村俊策) 회장의 기업정신

광주일고 야구팀을 후원하는 기타무라슌사쿠(北村俊策) 회장의 기업정신

2018년 1월 광주일고 야구팀이 학교 개교 후 처음으로 해외 전지훈련에 나섰다. 3년 전부터 이야기는 있었으나 실행하지 못하다가 광주일고 야구팀 선수단 일행 48명은 드디어 바다건너 일본의 후쿠오카 항구에 도착했다. 이들의 전지훈련을 수용해 준 곳은 바로 규슈지역에서 제빵업을 주업으로 하는 료유우(糧友) 제빵그룹이다. 이 회사가 소유하는 야구장과 숙박시설을 한 달간 유례없는 좋은 조건으로 제공받았다. 이듬해 광주일고 야구팀은 역사상 최초로 한국에서 청룡기 우승기를 받았다. 광주의 시민들은 모두가 일본에서의 1개월 간의 전지훈련의 효과라고 믿고 있다.

이렇게 되기까지는 한국과 일본 사이에서 나 훈(羅勳) 광주야구협회장과 오오야마(大山) 농협의 야하다(矢羽田) 조합장의 30년간의 신뢰와 우정의 교류가 밑바탕이 있었기 때문에 가능했던 것이다. 또한 공통적으로 자신의 고향을 생각하는 애향심이 크다는 것도 한 몫 했을 것이다. 필자는 이들 두 분 사이에 작은 단초를 제공했을 뿐이다. 그러나 난관에 봉착할 때는 언제나 직접 나서서 국제전화를 하거나 직접 일본으로 건너가 설득 작업도 했다.

오오야마농협은 농민조합원이 600명이고 농협직원이 300명인 소규모 농협이지만 일본 내에서는 가장 훌륭한 농협으로 평가 받는다. 흔히 이야기하는 일촌일품 운동과 6차 산업의 발상지로도 유명하다. 농협이 중심이 되어 지역경제를 활성화 하고 일자리를 만드는 역할을 한다. 나훈 회장의 광주일고 야구팀 전지훈련 협력요청을 받은 야하다 조합장이 오랜 기간 교류해온 료유우 제빵 회사의 기다무라 회장에게 부탁해서 이루어진 것이었다. 야하다와 기다무라회장은 1차 산업 즉 농업을 지켜야한다는 공통인식을 하고 있고 오랫동안 협력관계를 이어온 업무적 동지이다. 야하다씨와 기다무라 회장은 깊은 애향심과 일의 추진력이 남다르다는 공통점이 있다. 30여년 이상 의기투합해서 지역사회와 농가를 돕고 있다.

료유우 제빵 회사는 종업원 4000명, 매출액 400억 엔의 규슈 지역 제빵 분야의 1위 회사다. 회장 개인이 동경대학에서 야구부로 활동한 경력이 있는 스포츠맨이다. 그는 나배시마번의 무사 가정에서 태어났다. 어업과 해운업을 경영하는 가정에서 철저한 밥상머리 교육을 받았다. “일은 엄격하게, 타인에게는 친절하게”를 가훈으로 이어 받았다.

제빵회사의 경영방침도 1) 주민의 건강을 지킨다, 2) 지역경제와 공생한다, 3) 1차 산업을 지킨다는 점을 사시로 정했다. 그래서 빵의 모든 원료를 가능한 범위에서 지역 내에서 생산된 딸기 소맥분 등 농산물을 사용하는 것을 원칙으로 한다. 즉 신토불이(身土不二)의 실천이다.

필자는 농협중앙회 퇴직 후 미술을 공부하고 있다. 농가에서 태어나 부모와 마을 고향의 도움으로 농업을 생각하며 살았다. 퇴임 후의 생활도 이제까지의 연장선에서 이루어져야 이모작 인생도 의미가 있다고 생각한다. 아름다운 생각과 생활을 해야 좋은 미술작품도 나온다고 믿는다. 그래서 신토불이 미술작품을 끊임없이 생각하고 있는 중이다.

2018년 1월 26일 광주일고 야구팀을 격려하고 기다무라 회장과 야하다 조합장에게 그동안의 고마움을 전하기 위해 후쿠오카에 갔다. 기타무라 회장에게 80여 년 전 이야기를 붙여서 소나무 유화작품을 기증했다. “80년 전 일본인 효도우(兵頭)가 심은 이 소나무는 지금 전남영암의 중학교교정에 심어져 있다. 효도우씨의 손자는 일본의 유명한 배우이고 매년 소나무의 안부를 살피기 위해 영암에 온다. 이런 인연은 한국과 일본의 얽히고설킨 실타래도 쉽게 풀 수 있는 실마리가 될 수 있다고 생각한다. 그런 점에서 이 소나무를 友松으로 명명하고 유화작품으로 완성했다”고 설명하고 미술품을 기증했다.

기다무라 회장은 이렇게 답했다. “백제 문화도 잘 안다. 나의 고향 가라스(唐津)시에는 전남 지역의 까치가 임진왜란 때

사가(佐賀) 지역으로 이동해서 사가현 보호조로 선정된 인연도 있다. 까치는 좋은 소식을 전해 주는 길조로 알고 있다. 광주일고 야구팀과 료유우 제빵 회사의 야구팀이 상호교류와 우정의 시합을 하는 것도 한일 간의 무거운 실타래 중에서도 사소한 실마리라도 푸는 열쇠가 될 것으로 생각된다."

기다무라 회장은 "한국 젊은이들의 취업이 어렵다고 들었다. 혹 광주일고 졸업생 중 일자리가 필요하다면 일본인과 같은 조건으로 채용하겠다"는 제안도 했다.

그는 어머니로부터 좌뇌를 물려받아 논리적 사고를 갖게 되었고, 아버지의 우뇌를 물려받아 창조성을 갖추었다는 생각으로 부모와 고향의 풍요로운 자연환경을 항상 감사하는 마음을 갖고 회사를 경영한다고 했다.

광주일고 야구팀과 료유우 제빵 회사의 직원야구팀의 친선시합을 관전하는 회장실에서 자기의 자서전 〈나는 혁신가다〉 책에 "人類皆兄弟(인류는 모두 형제다)"라는 글과 사인을 직접 해서 주었다. 자선전의 말미에 이렇게 기록했다. "죽음을 섭섭해 하지 마라. 명예를 소중히 해라. 지위나 권력에는 욕심이 없으나 료유우 제빵 그룹의 총수로서 지금까지 기업체질의 강화와 경영쇄신에 매진해서 전사원의 행복과 사회공헌을 위해서 노력해 왔다. 금후도 More For The Society라는 정신으로 노력할 것이다."

지역활성화의 핵심은 인연과 자연과 조용함이라는 이야기도 있다. 이 세 가지 조건은 후쿠오카를 품은 규슈지역과 전남지역이 일치한다. 문화적으로도 사람들의 기질도 음식문화도 거의 비슷하다. 좋은 인연도 가능하다. 좋은 인연은 서로 공감하면서 출발한다. 그래서 오래 간다.

광주일고와 료유우 제빵 그룹, 그리고 오야마 농협과 상호 교류하는 인연이 한일 양국 간으로 확산되기를 바라는 마음이다. 고향을 그리워하는 공통점으로 맺어진 인연이 확산되어 동북아 평화의 시대가 열리기를 기원한다.

영암중학교에 있는 일본인 효도우씨가 심은 소나무의 유화를 기다무라 회장에게 기증. - 료유우 제빵그룹 본사 회의실

3

도시농업발전에 일생을 바친 가도겐조(加藤源藏) 내리마(練馬) 농협 조합장의 한국 사랑

도시농업발전에 일생을 바친 가도겐조(加藤源藏)내리마(練馬) 농협 조합장의 한국 사랑

가도조합장이 사는 동경도 내리마(練馬) 지역에서 북쪽으로 한 시간 가면 고마(高麗, 고려)신사가 있다. 고마신사 주변을 흐르는 강의 하류는 동경인근 사가미(相模)만으로 흐른다. 사가미만 주변의 어촌 이름은 오오이소(大磯)라고 한다. 오오이소는 고구려인들이 해안으로 상륙하자 서로 어서오이소라고 반갑게 맞이했다는 의미를 갖는 지명이라고 들었다. 강의 상류 쪽으로 거슬러 올라오면 하다노(秦野)시에 다다르기 전에 봉우리 같은 야산을 고마(高麗)산이라고 부른다. 상류를 더 거슬러 올라가면 사이다마(埼玉)현 히다카(日高)시에 이르고 고마신사가 있다. 이러한 지리적 상항으로 보아 가도 조합장과 하다노 농협의 마쓰시다 조합장은 그들의 선조가 고려족이라고 생각하고 있었던 것 같다.

가도 조합장은 1963년 조합장이 되자마자 (한일 간에 국교가 맺어지기 전) 서울시농업협동조합과 자매 결연을 맺었다. 그리고 임직원과 조합원들의 상호방문 교류를 시작했다. 이후 진도군농협조합장 고 김용기씨는 한일국교 이전에 일본에 건너가 가도조합장의 주선으로 일본농림성 직원의 안내를 받아 농촌현장의 농업구조개선사업 성공지역과 농가소득을 올리기 위한 담수어 양식을 하는 농촌현장을 시찰했다. 김씨는 그 당시 한국이 낳은 세계적인 육종학자 우장춘 박사가 초대 연구농장 장으로 근무하는 교토에 있는 다키이 종묘회사의 본사에 찾아가 다키이 종묘회사의 채종포를 진도군에 유치하고 진도에서 생산한 배추 무 종자를 일본에 수출했다.

필자는 1985년 일본 사무소장 인사명령을 받고 동경에 도착했다. 일본어도 서툴고 인맥도 없는 터에 황야에 던져진 독불 장군 같은 신세였다. 그 당시는 농협중앙회가 내부의 체질개선운동과 국제적으로는 우루과이라운드라는 농산물 수입개방 등이 논의되고 있어서 농산물의 시장개방화를 앞두고 혼란스러운 때다. 중앙회의 각 부서의 자료요구도 많고 연수목적의 방문단도 많을 때다.

일본의 농협중앙회 등 일본농민단체에 인맥도 없을 때 동분서주하면서 정신없을 때다. 한국의 연수단이 입국하기 위해 한국대사관의 인증도 받아야 하고 연수단의 방문처 알선, 자료 수집, 주요 인물 소개 등 부탁하러 돌아다니는 일이 폭주했다. 그때마다 가도조합장은 마다하지 않고 자기가 직접 나서서 나와 동행하고 전중 전농 농림중앙금고 등을 방문하거나 전화로 부탁해 주었다.

한국농협중앙회의 임원이나 회장단이 일본을 직접 방문하거나 중국이나 유럽 등 타국으로 가기 위해서 동경에 들릴 때에도 나리타 공항에 가서 모시고 오는 때가 자주 있었다. 그때는 가도조합장은 자기의 승용차를 나에게 주고 나리타에서 모셔오도록 지시하고, 자기는 지하철을 타고 귀가하는 경우도 있었다.

전농이나 농림중앙금고의 고위층과 우리 농협중앙회의 임원과의 식사자리를 만들어야 할 때도 필자가 직접 찾아가서 요구하면 거절하는 때도 있었다. 그때마다 가도회장이 나서서 식사자리를 만들고 한국농협중앙회에 협력해 주도록 요청을 하는 경우도 있었다. 어느 날 큰 가방 하나 들고 내리마(練馬) 농협을 방문했다. 나를 맞이해 준 가도회장은 나의 옷차림이나 신발과 가방이 남루하게 보였는지 신주쿠(新宿) 번화가에 함께 가는 길에서 고급 가방과 신발을 사주기도 했다.

일본 사무소의 전임자가 2대째 사용한 주택 겸 사무실을 옮기기로 했다. 건물주가 전임자의 생활상의 악담을 자주 하는 것이 못마땅해서다. 신주쿠 쪽에 적당한 숙소를 구하고 사무실은 별도로 이이다바시(飯田橋) 근처로 결정하고 계약서를 쓰는 단계에서 임대 주는 부자 일본인의 보증과 인감증명서를 요구했다. 이때 가도조합장은 기꺼이 자기의 개인 인감증명과 도장을 날인해 주어서 사무소와 주택의 이전이 가능했던 적도 있다. 지금도 그때의 난감함을 해결해 준 가도조합장의 고마움을 잊을 수 없다.

1986년에 가도회장에게 한국과 일본의 친선우호교류를 증진하는 공로를 인정하고 한국 정부의 동백장 훈장이 수여되었다. 그 훈장수여와 감사행사는 신주쿠 게이오프라자 호텔에서 개최되었으며, 일본의 정치·경제계 농협 관련 인사 등 1천명이 초청되었으며, 그에게 훈장이 전달되었다.

그날 참석한 주요 인사를 보면 다나카가쿠에이 수상, 미키노부오 수상, 가메오카다카오 농림대신 3명, 스스키준이치 역대 동경도지사 3명 등 일본정치와 농정을 연결하는 일본정치의 역사를 말해준다고 표현했다.

가도회장의 집이 있는 내리마구는 동경의 북쪽이고 사이타마 현 고마신사가 있는 곳과 지근거리이다. 서울농협연수단이 내리마 농협을 방문하면 의례적으로 고마(高麗)신사를 함께 방문하고 한국에서 가져온 술과 음식을 봉납하도록 했다.

가도회장이 한국을 방문하는 경우 그 당시 김포공항에 도착해서 바로 농협대학에 있는 농협운동의 선구자인 권태헌 전농협대학장 동상과 묘소를 참배했다. 미리 연락해서 고 권태헌 선생의 자손도 함께 참석하고 위로를 표했다.

도시에 있는 농지를 대지와 같은 토지보유세금을 부과하는 정부정책에 소비자와 농민이 함께 반대운동을 전개하여 현재와 같은 도시농업이 유지될 수 있도록 큰 공을 세웠다.

내리마 지역의 북쪽에 동경도 니시다마 군 히노데쵸가 있다. 이 지역은 684년 백제의 귀족들이 세운 절이 있었으나 1890년 소실되었다. 이를 100년이 지난 후 1987년 한국산 목재, 염료를 사용해서 한국의 화가 기와공 석공 등 13명을 초청해서 한국양식의 사당으로 복원했다.

동경에서 태평양 쪽으로 수백 키로 떨어져 있으며 7명의 신들이 모였다는 전설의 섬, 고즈시마(神津島)에 오다주리아라는 여성이 신앙의 대상이 되고 있다. 여기에 한국의 가톨릭 신자가 매년 참배한다. 오다주리아는 백제왕의 후손과 함께 풍신수길의 임진왜란 때 기독교 신자인 고니시유키나가(小西行長)에 의해 동경으로 붙들려 왔다. 에도막부 시절에 기독교 금지령이 내려져 그녀는 고즈시마에 유배되어 섬 주민들의 존경을 받았고 그녀의 묘가 섬 주민들에 의해 보존 관리되고 있다. 이 묘지에는 주민들의 정성으로 항상 꽃이 봉납되어 있다. 매년 5월에 쥬리아 축제가 열리고 한국 기독교인들의 참배객이 매년 찾아온다. 대부분의 일본인들은 이를 모른 척하지만 가도회장은 이를 적극 알리고 반성해야 한다고 주장한다.

1967년 내리마농협과 서울특별시농협이 일본농협 최초로 국제자매결연을 맺었다. 1972년 2월에 가도회장의 주선으로 한일양국농협중앙회장의 상호교류를 위해 기본방침을 기록한 양해각서를 작성하고 조인했었다.

그는 고령사회에 직면해서 농민들의 복지후생 문제의 해결을 위해 여성조직의 활성화가 필요하다는 그의 의견을 수용해서 한국농협은 전국농협에 여성복지과를 신설하고 30~40대의 젊은 과장이 담당하게 되었다.

1980년대 후반은 농산물수입개방 논의가 되면서 농업 분야의 연수단이 연중 계속되었다. 도저히 혼자 감당하기 어려워 주요 품목별로 일본농협과 한국농협이 자매결연을 맺어놓으면 사무소장의 일이 줄어들겠다는 생각이 들었다. 또 복숭아는 경쟁력이 있다는 이야기도 들어서 한국의 복숭아 주산지인 전주농협과 일본의 야마나시농협의 자매결연을 추진키로

하고 가도조합장의 협조를 요청했다. 수일 후 가도조합장의 사전 조율로 전주농협과 자매결연을 하기로 결정하고 인사차 야마나시(山梨)이치노미야(一之宮) 농협을 함께 방문한 적도 있다. 그 후 전북 고산농협의 손병철 상무 등 2명이 6개월간 일본의 복숭아농가에서 숙박연수가 실현되었다.

이런 형태의 자매결연은 전남의 농협과 히로시마농협의 자매결연으로 상당 기간 교류왕래가 이루어졌다. 그 후 영암농협과 군마 현 사와다농협, 나주농협과 일본의 사가현의 이마리농협의 자매결연 추진은 한국 쪽의 반대로 성사되지 못했다.

1985년대 일본의 거리에 통행하는 택배화물차에 실린 화물이 농산물이 80%라는 것과 새로운 농산물도매시장이 생긴 것이라는 말을 듣고, 이를 조사해서 한국농협중앙회에 보고한 적이 있다. 그러나 그 뒤 들리는 말은 쓸데없는 짓 하지 말라는 이야기가 돌아왔다. 이를 적극적으로 받아들여 농협조직이 한국형 택배 업무를 개발했다면 하는 아쉬움이 남는다.

피는 물보다 진하다는 말을 흔히 한다. 평생을 농업인과 함께한 가도조합장은 내리마 지역의 특성상 1,300년 전의 고구려 멸망 후 고마신사 주변에 살아온 1,799명 유민의 후손이라고 생각했던 것으로 생각된다. 농업인과 함께 도시농업을 지키며 한국의 농업인을 도우면서 양국의 친선을 위해 평생을 헌신한 가도조합장의 직업관은 한일 양국의 협동조합정신의 상징이 되었다는 점을 잊어서는 안 된다.

참고자료; 〈도시농업 일편단심〉; 加藤源藏 著

가도겐조 내리마농협 조합장 - 자서전에서

4

지역사회와 결혼한 야하다세이고 (矢羽田正豪) 조합장의 직업관

지역사회와 결혼한 야하다세이고(矢羽田正豪) 조합장의 직업관

후쿠오카(福岡)현과 구마모토 현의 경계에 있는 오오야마 읍은 인구가 6,500명에 주민의 대부분이 농업에 종사하는 산간벽지 산촌이다. 주변이 모두 산에 둘러싸인 곳으로 농업수입도 현 내에서 최하위의 지역이다. 그 당시 농협의 3대 조합장 야하다하르미(矢幡治美)씨는 식량자급을 위한 미맥위주의 정부정책과는 역행하는 방향으로 매실과 밤을 심어서 소득향상을 하자는 NPC(New Plum Chestnut) 운동을 시작했다. 1964년 이 지역의 중학교를 졸업한 현재의 조합장 야하다세이고는 인접 시에 있는 농업강습소에서 농업 전반을 공부했다. 세이고의 부친과 농협조합장 야하다하루미와 친밀한 관계라서 농협에 취업했다.

야하다하루미는 1954년부터 33년간 농협조합장을 지냈다. 그 중 16년은 오오야마 읍 행정의 읍장도 겸직했다. 행정과 농협이 함께 NPC 운동을 효율적으로 추진하는 계기가 되었다. 주민의 소득 향상을 위해 논 농업에서 과수농업으로 전환했다. 그렇게 해서 그 당시 일본 전국의 주목을 받았던 〈매실 밤 심어서 하와이 여행가자〉는 캐치프레이즈를 내걸고 모든 주민도 관심을 갖고 여기에 동참했다. 그 결과 총 1,130명이 이스라엘, 독일, 하와이 여행을 체험하고 돌아왔다. 그때 농협은 조합원에게 여행비용을 전액 무이자로 5년 상환조건으로 융자 지원했다.

그 후 NPC 운동은 지역인재양성을 목적으로 내건 제2차(1965) NPC 운동, 살기 좋은 환경을 만들기 위한 제3차(1969) NPC 운동으로 계속되었다. 그 후 시대흐름에 맞추어 다품목소량제배로 고부가가치농산품을 생산판매하는 방향으로 전환했다. 즉 이것이 일촌일품(一村一品) 운동의 출발점이 되었다. 시대의 흐름을 읽고 지역사회의 살아가는 방향을 제시하는 지도자의 역할이 오오야마농협의 생존의 비결이 되었다.

청소년기에 농협에 들어온 야하다세이고에게 하루미조합장은 농협이 일만 하는 직장이 아니라 지역을 잘 살도록 하기 위해 공부를 하는 농협대학이라고 생각하라고 말했다. 20대 초반의 젊은 직원 7~8명의 연수 모임으로 〈젊은 태양의 모임〉을 만들고 그들에게 현장지도하면서 조합장의 마음속으로는 농협을 이끌어갈 다음 후계자 조합장 감을 양성할 계획이었다. 태양그룹은 일종의 스터디그룹이었고 지도는 하루미 조합장이 맡았다.

하루미 조합장은 81세로 1993년에 사망했으나 상사라기보다는 아버지나 선생님처럼 지도해 주었다. 하루미 조합장은 연구그룹을 만들고 지도하면서 그 중에서 조합장이 나와서 지역사회를 계속 유지하기 위해 후계자 양성에 힘을 쏟았다는 이야기도 있다. 세이고는 하루미 조합장이 미리 정하고 조합장 양성코스로 훈련을 받은 셈이다.

세이고의 영농지도로 팽나무버섯 병 재배가 성공해서 1988년 155호 농가가 팽나무버섯 재배로 약 16억 엔(160억 원)을 판매하기에 이르렀다.

그 당시는 해외여행이 자유롭지 못할 때라 오오야마 농협은 〈매실 밤 심어서 하와이 여행가자〉는 현실성이 없는 꿈같은 구호를 내걸고 전 직원과 조합원의 연수교육을 시작했다. 단순한 여행은 아니고 체험학습여행으로 규정하고 여러 가지 각도에서 다종다양한 체험을 통해 조합원의 시야를 넓히고 일상적인 일과 농사작업에 창조성을 발휘하기 위해 조합원 연수가 필요하다고 생각했던 것이다.

세이고 등 직원들은 이스라엘의 식량생산 거점인 키브츠 공동체에서 2개월 동안 숙박체험도 했다. 키브츠의 이념, 조직, 정신, 업무추진방향을 배웠다. 이스라엘 연수 종료 후 약 1개월 간 유럽, 독일 여행을 했다. 독일의 풍요로운 농촌 경관과 오오야마의 농촌 모습을 비교하면서 꿈을 키워야한다는 각오를 하게 되었다. 약 100명의 젊은 농민과 직원이 이스라

엘과 독일 여행을 통해 배우고 실천한 것이 오늘의 오오야마 농협 발전의 원동력이 되었다고 한다.

오늘의 오오야마 농협의 일촌일품운동의 최대의 후원자는 오오야마가 속한 오이다(大分)현(縣)지사 히라마쓰(平松)씨이다. 1978년 부지사였던 (이전에는 국토교통성의 대신을 지낸) 히라마쓰씨를 이스라엘 연수자 10여 명의 〈세계를 알자〉 모임에 초청해 이야기를 들었다. 젊은 농민과 농협직원들의 장래계획, 꿈, 행정에 대한 바람 등 다양한 의견교환을 했다. 그 후 히라마쓰는 현의 지사가 되었다. 취임하자마자 히라마쓰지사는 오오먀마 농협의 일촌일품 운동을 높이 평가하고 일촌일품운동으로 오오이다 현 전체를 발전시켜야 한다고 제안하고 임기 내내 추진해서 큰 성과를 내고 일본은 물론 아시아 모든 국가의 주목을 받게 되었다.

하루미 조합장은 〈물건을 팔지 말고 오야마의 자연과 정신을 팔아라〉고 젊은 직원들에게 제안했다. 농가의 생활과 농산물생산의 특징과 농가가 추구하는 꿈을 설명하라고 주문했다. 그 때부터 직원들은 판매개척 등 출장 가서 상품에 대한 이야기보다는 오오야마읍의 장인정신, 자연, 전통문화를 이야기했다. 그러자 도시고객들은 오오야마에 대해 관심을 갖기 시작했다. 그즈음 방송뉴스시간에 〈매실 밤 심어서 하와이 여행가자〉는 오오야마의 캐치프레이즈가 뉴스로 방송되기도 했다.

야하다세이고 조합장은 농업과 농촌을 발전시키기 위해서는 농가가 가격을 결정하고 판매하는 직거래 방법뿐이라고 다짐했다. 직매하면 수송비용도 안 들고 신선도의 유지가 가능하므로 소비자에게는 최상의 유통방법인 시스템과 서비스를 제공할 수 있다. 처음에는 도시에서 이 같은 험준한 산 속까지 누가 오겠느냐고 회의적이었으나 세이고는 반드시 성공한다고 믿고 직원들을 설득했다. 상품의 품질이 우수하고 소비자는 재배 전 단계의 생산과정도 알고 싶어 한다는 점을 인식했기 때문이다.

1990년 오오야마농협의 농산물직매소 〈고노하나 가르덴〉이 오픈하고 개장하자마자 고객들이 모여들어 대성황을 이루었다. 다품목재배와 유기재배를 하고 있는 농가가 직접 나서서 농산물을 설명하는 것이 소비자의 마음을 움직인 것이다. 아침에 수확한 농산물과 농가가 가공한 매실장아찌, 잼 등 소박한 농촌의 농산물이 슈퍼에 진열된 것과는 맛이 전혀 다르다는 것을 인식하게 되었다. 생산자 자신이 생산한 농산물에 가격표와 자기 이름을 표시하고 또 이 농산물이 인기리에 팔리는 것을 보고 농민들은 힘을 얻었고 매일 매일이 생활에 재미를 느껴서 건강도 좋아졌다. 그 후 주변 인접 도시에 13개 직매점과 농가식당을 개점해서 농민의 일자리도 만들어 졌다. 연간 직매장을 찾는 구매자는 240만 명이고 출하농가는 2천 명이나 된다. 총 매출액은 16억 엔(약 160억 원)에 이른다.

일본 전국 각지의 농협이 농촌인구 감소와 고령화 등으로 대규모 합병이 진행되고 있으나 오오야마농협은 조합원 모두가 합병을 반대해서 소규모농협으로 자립의 길을 가기로 결정했다. 정부와 농협중앙회의 방침은 대규모 통합을 주장하지만 만약 합병하면 오오야마 이 지역은 폐촌이 될 우려가 있다는 것이다. 고향의 자연과 문화가 없어지는 것은 일본인 모두에게 대재앙이라는 설명이다.

2010년 조합장이 된 야하다는 지역 내에 테마파크 〈이쓰마히메노사토〉를 오픈했다. 30헥타르의 산지공원에 약 4만 본의 꽃과 나무를 심어 사시사철 신록과 단풍이 어우러진 자연숲 공원을 만들었다. 요즘처럼 코로나로 인해 해외여행이 불가능할 때에 도시지역 사람들에게 고향의 전원풍경을 즐길 수 있도록 하는 유토피아를 구상하고 있다. 연간 내방자는 50만 명이 넘는다.

2020년부터는 농협직영의 문산농장(文山農場)을 운영한다. 읍내의 36개 마을마다 500평의 비닐하우스를 설치하고 버섯 재배, 크레손 재배 등 고령 농민들이 체력에 맞는 농작업과 여가생활을 즐길 수 있는 문화와 일자리를 함께 갖추었다. 희망자는 연령에 관계없이 농협계약직 직원으로 채용해서 월 8만 엔(80만 원 정도)의 급여를 지급한다. 농협에서 받은 급여와 연금으로 안심하고 노후를 지낼 수 있도록 하기 위함이다. 500평의 하우스 시설비는 행정과 농협이 50%씩 부담했다.

오오야마 농협의 임직원들은 조합장의 지도로 "여행은 학문이다", "독서는 최상의 지혜다"라는 말을 밥 먹듯 들으면서 근무했으며, 지금도 이를 실천하는 과정에 있다고 말한다. 그래서인지 현재의 조합장 야하다세이고의 집 서재는 마치 농업 전문도서실과 같은 분위기이다.

최근에 야하다 조합장이 보내온 농협소식지의 조합장 수필에 이런 내용도 있다. "농촌이 멸망하면 국가가 멸망한다. 소설가 아리요시 사와코(有吉佐和子)는 인지증이나 농촌고령화문제, 환경오염 등을 보고 복합오염(複合汚染)이라는 저서를 남겼다. 그래도 농협이 있기 때문에 일본의 농업이 유지되고 있다."

농협은 일반 기업과는 달라야 한다. 우수한 선진 농가를 극소수 만드는 것이 목적이 되어서는 안 된다. 농산촌 마을에서 태어나 중학교 졸업 후 평생을 농협조합원과 함께하는 조합장 야하다세이고는 오오야마 산촌 지역사회와 결혼했다는 평가를 받는다. 한 사람도 낙오자가 없는 농가 전원이 꿈과 희망을 갖고 함께 성장하는 지역사회를 만드는 것이 오오야마농협의 꿈이다. 이것이 협동조합의 기본정신이다. 함께 일하고 공부하고 서로 사랑하는 오오야마 농협의 이념은 하루미 조합장이 심어놓은 소중한 가치가 있는 것이라고 그들은 생각한다.

야하다세이고(矢羽田正豪) 조합장의 집 서재에서

5

재일교포 2세 하정웅(河正雄)의 미술 혼과 한일 양국 사랑

재일교포 2세 하정웅(河正雄)의 미술 혼과 한일 양국 사랑

2014년 영암군민의 날 행사장에서 하정웅 선생 부부를 만났다. 그 이전에도 아시아문화교류 행사장 등에서 잠깐 스친 적은 있었다. 재일교포 2세이며 이우환 등 고가의 미술품을 영암미술관에 기증해서 그의 공로로 군단위에서는 드물게 품격 높은 미술관으로 유명해졌다는 이야기도 들었다.

그는 1939년 일본 오사카에서 태어나 유년기에 아키다(秋田)현(縣)으로 이거해서 그곳에서 자랐다. 고교졸업 후 전기제품 가게를 운영해서 성공했으며, 미술품 컬렉터로 활동하면서 한국인 미술가들의 작품, 이방자 여사의 유품 등을 수집 기증했다.

그는 한국과 일본은 일의대수(一衣帶水)로서 형제의 국가이며 유구한 역사가 이를 증명한다고 늘 주장했다. 그의 양친의 고향인 영암도 고향이고, 그가 자란 아키다도 고향이며 조국이다. 이는 보통의 논리이며 그에게는 두 개의 조국을 갖고 있는 점이 보물이라는 생각으로 평생을 살았다. 국가 사이에는 뒤틀린 때도 있지만 두 개의 조국이 서로 사랑하고 신뢰하는 형제처럼 되기를 바라는 마음으로 컬렉션한 미술품을 양국에 평등하게 나누어 기증했다. 그의 사랑이 한국과 일본의 우호친선의 가교가 되었으면 하는 일념으로 평생을 양국을 오가며 살아왔다. 재일교포 예술인 지원과 강제노역으로 희생당한 조선인의 위령사업에 헌신하면서 살고 있다.

하정웅씨는 진창현씨와 아사가와(淺川) 형제를 가장 존경한다고 그의 자서전에 기록하고 있다. 하씨는 음향물리학자이자 바이올린 제작자 재일교포 진창현(陳昌鉉)을 적극적으로 후원했다. 진창현씨가 살았던 일본의 기소지(木曾路)는 일본에서도 자연이 아름다운 곳으로 유명하다. 그러한 아름다운 숲속의 자연이 진창현의 감성을 길러주어서 세계적인 바이올린 제작도 가능했다고 본다. 그 후 진창현씨가 40년 동안 연구해서 1961년 제작한 10점의 바이올린을 일본인 바이올린 연주자 시누사키(篠崎)씨가 모두 구입하였다. 1984년 세계에서 5인 밖에 없는 미국 바이올린 제작가 협회로부터 무감사 제작자로서 마스터메이커의 칭호를 받았다. 이는 일본 사회에서 재일교포 1세가 예술문화 부문에서 얻은 쾌거로 알려지고 있다. 일본 야마나시(山梨)현 기소지 읍 공원에 설립된 진창현 기념비에 그의 자연관이 기록되어 있다.

“이 세상에 소용없는 것은 존재하지 않는다. 존재하는 것은 모두가 필요한 존재다. 시련도 곤궁도 쓸데없는 것은 아니다. 태어난 고향을 사랑하는 사람은 행복한 사람이다. 고향을 떠나 살고 있는 곳을 사랑하는 사람은 더욱 훌륭한 사람이다.

세계를 모두 자기 고향처럼 사랑할 수 있는 사람은 새로운 세상을 창조한 최고의 사람이다."라고 기록되어 있다.

야마나시 현 호쿠도(北杜)시에서 태어난 하정웅씨가 존경하는 아사카와노리다카(淺川伯教)와 아사카와다쿠미(淺川巧) 형제는 한국민족의 자랑인 백자 청자 민속공예품을 연구한 학자이며 한국어와 한국문화를 이해하고 사랑하는 사람이다. 동생 다쿠미는 임업기사로서 한반도의 산림녹화 사업에 공로를 세웠다. 두 형제는 한국의 자연과 산천을 사랑하고 역사와 문화를 심오한 경지까지 이해했다. 형제는 국가나 민족을 초월해서 공생을 주장하고 국제친선의 가치를 주장한 선구자다.

무용가 최승희는 조선이 탄생시킨 세계무용사상 유일무이의 영웅이며 동양인의 마음을 무용으로 표현한 혁신적인 천재 무용가로 평가받는다. 그는 1935년 인기 절정에 이르렀고 세계무용예술의 최고봉에 이르렀다. 일본의 노벨상 수상자인 가와바다야스나리(川端康成)는 〈다른 어떤 사람보다도 최승희는 일본 제일의 무용가임에 틀림없다. 훌륭한 신체조건과 춤의 크기, 그리고 몸에서 나오는 박력이 일본 최고다〉고 말했다고 전해진다. 하정웅씨는 최승희 춤사위를 그린 미술작품과 매우 귀한 영상필름을 수집해서 광주미술관과 숙명여자대학에 기증했다.

생전에 이방자 여사는 "나의 조국은 둘이다. 하나는 내가 탄생한 일본이고, 또 하나는 나의 뼈를 묻은 나라 한국이다." 라고 했으며, 그의 아들 구(玖)는 "세계는 하나다. 한국인이나 일본인이나 구애받지 말고 세계 중의 하나의 인간으로 생각하고 전력을 쏟아주기 바란다"는 말을 남겼다.

하정웅 컬렉션은 유례가 없다. 글이 사람 나름이라는 격언처럼 예술도 사람 나름이라고 할 수 있다. 하정웅 컬렉션은 평화, 사랑, 상호이해를 실현하기 위해 하정웅이 창조한 예술의 표현방식이라는 평가를 받는다.

하정웅이 다자와코(田澤湖)중학교 시절 일본인 선생으로부터 "자연과 사람들의 생활을 진솔하게 바라보고 그 감동을 그려라"라는 지도를 받으며 미술공부를 했다고 한다. 그 가르침이 계기가 되어 미술계에 들어왔다고 한다. 그래서 감사하는 마음으로 다자와 호 주변에 미술관을 설립할 계획을 생각했다.

그가 수집한 이방자여사의 조선말기 비운의 역사가 묻어있는 유품 685점은 일본 한국문화원에 기증했다. 이 기증품은 한일합방 전후의 근대사를 기록한 기억 유산이다. 조선 말기 비운의 역사가 묻어있는 문화재라는 평을 받는다. 앞서 언급했듯이 이방자여사는 "나의 조국은 둘이다. 하나는 탄생한 곳 일본이고 또 하나는 나의 뼈를 묻는 한국이다. 나의 걱정은 조선인에 대한 차별과 편견이다"라고 말하기도 했다.

하정웅의 부모는 아키다 다자와 호수를 만드는 댐 공사장의 조선인 노동자로 징용되었다. 깊은 산속의 설국, 추위와 기아 속에서 중노동, 사고사와 질병 등으로 죽은 사람도 많았다. 그들은 다자와 호수 주변에 있는 동원(洞源)사와 다자와(田澤)사 등에 조선인 노동자 무연고 묘로 남아 있었다. 여기서 하정웅은 25세부터 재일조선인 화가의 미술품을 수집해서, 조선인 노동자의 혼을 위로하기 위해서 다자와 호 주변에 미술관을 건립할 계획으로 건물설계까지 완성했으나, 그 당시 한일 양국의 국민감정이 악화되면서 일본 지방행정에서 약속을 파기해서 실패하고 말았다.

이우환과의 만남

1984년 동경에서 개최된 범세계한국인예술인대회에서 이우환을 처음 만났다. 그는 파리와 본, 윈 등 유럽에서 미술품 전시회를 개최하고 싶은데 500만 엔 정도의 비용을 마련하지 못해 고민하고 있다는 말을 들었다. 그 자리에서 경비를 부담할 테니 작품으로 달라고 했다. 수개월 후 13개의 목판화(From Line, From Point, From Wind)와 10호 사이즈 유화를 받았다. 그 당시 이우환의 작품은 100호 사이즈가 2억 6천만 엔 호가 되었다.

하정웅 컬렉션의 성격과 가치

하정웅씨는 1990년부터 지금까지 한국과 일본의 미술관이나 대학에 1만 2천 점 이상의 미술품과 문화예술자료를 기증했다. 일개인의 메세나 운동으로는 국내에서 그 예를 찾을 수 없을 것이다. 하정웅 컬렉션은 수집방향을 특정하지 않고 오직 멸사봉공의 윤리의식을 가져야 한다는 하정웅 개인의 다음과 같은 인생철학이 녹아있다는 평을 받는다. 첫 번째는 시대와 인간의 생활을 기록한 〈역사의 증언으로서의 미술품〉, 두 번째는 〈사회적 정치적으로 불우한 입장이 되어 소외받는 자, 역사흐름의 와중에서 비통한 희생을 당한 자를 위령하는 기도의 미술품〉, 세 번째는 예술 활동의 궁극적인 목표임과 동시에 역할인 〈인류를 행복하게 하는 미술품〉을 추구하고 있다는 점이다.

하정웅이 한국 11곳, 일본 4곳에 미술품을 분산 기증한 이유는 박물관이나 미술관이 교육기관이며 미술을 통해 국민에게 교육하는 장소이기 때문이라고 했다. 최초 시작은 다자와호 주변에 호수 공사 때 죽은 무연고 동포들의 영혼을 위로하기 위해 기도하는 미술관을 설립하기 위해 컬렉션을 시작했다. 그런 뜻으로 한국의 방방곡곡과 소년기에 자란 아키다현에 기증했으니 그의 뜻은 충분히 전달되었다는 설명이다.

그는 초등학교 때부터 그림을 잘 그렸다는 칭찬을 받았다. 전람회에 출품해서 상장도 받았다. 그러나 어머니의 반대로 미술공부를 포기하고 취직하기 위해 아키다 공업학교에 진학하고 졸업했으나 하정웅 자신을 제외하고 모든 졸업생이 100% 취직이 되었다. 하정웅 자신만 취업에 실패한 것은 그가 조선인이었기 때문이었다.

그는 동경올림픽 1년 전 결혼하고 전파상을 개업, 세 가지 신기 즉 TV, 세탁기, 냉장고가 불티나게 팔려서 큰돈을 벌었다. 어느 날 일본 그림을 구입하기 위해 일본의 백화점에 갔다가 재일동포 전화봉(全和鳳)의 미륵보살 그림을 구입했다. 그 뒤 교토의 주변 산속에 있는 전화봉의 화실을 방문하고 쓰레기처럼 방치된 미술작품들을 감상했다. 작품은 마치 일본의 억압과 차별을 받아 고생하는 한민족의 혼의 절규를 그린 그림으로 보였다. 이 작품 모두가 한일 역사의 흐름 속에서 그린 재일한국인의 암울함을 표현한 작품으로 보였다. 하정웅은 자기가 이 작품을 지켜야겠다는 사명감을 직감했다. 그래서 그 때부터 재일동포들의 그림을 모두 수집하겠다는 결심을 했다. 그러자 이를 본 사람들은 돈이 되지 않는 쓰레기처럼 어두운 그림을 왜 구입하느냐는 소리를 들었다. 좀 이상한 사람으로 생각하고 정신건강을 진찰받아 보도록 권유하는 말도 들었다.

결과적으로 하정웅은 미술계의 천재라는 칭호도 붙었고, 미술품의 먼 미래가치를 꿰뚫어 본다는 평가도 받았다. 이우환의 모노 미술을 이해하는 천재수집가라는 별칭도 받았다.

20세기 그리고 21세기의 미술을 통해서 역사를 해명하고 성찰하고 반성하자는 이야기다. 다음 세대의 어린이들의 교육을 하정웅 미술관에서 하고 작품을 통해서 세상을 관찰하도록 하기 위해 미술작품을 수집했다는 설명이다. 과거의 역사 속에서 불행하고 학대와 차별을 받았던 그분들의 마음에 평화를 안겨 주고 치유해드려야 한다는 생각으로 미술품을 수집했다. 하정웅 컬렉션은 그러한 사람들의 혼령을 위로하고 마음의 평화를 회복할 수 있도록 도와준다고 믿는다.

하정웅 컬렉션은 개인의 구원을 넘어 전쟁 등 모든 억압과 빈곤이 해소되고 평화와 사랑이 오기를 기도하는 원대한 철학적 의미를 갖고 출발했다. 이는 재일한국인의 인권회복에서 시작되고 한반도의 평화통일과 한국과 일본의 인권에서 출발하여 양국의 공존을 기원하는 메시지도 담고 있다. 광주의 5월 정신과 일맥상통하는 철학을 담고 있다.

하정웅씨의 저서로 〈염원의 미술〉, 〈나의 두 조국〉, 〈날마다 한 걸음〉 등이 있다. 하정웅 컬렉션은 광주, 재일한국인, 불우한 자, 고통 받는 자의 이해와 치유를 통해서 울분을 사랑으로 승화시키고 인권의 신장, 인류의 평화와 정의 실현을 호소하는 메시지를 주고 있다.

필자는 어떤 사소한 욕심이 없이 어려운 환경에서 태어나 재산을 모으고 이를 한국과 일본 그리고 인권의 신장, 세계의 평화를 위해 컬렉션을 진행한 인격에 한없는 존경을 표한다.

하정웅 선생 - 영암 하미술관에서

6

야마다도시오 (山田俊男) 참의원 의원 농정활동 24년

야마다도시오(山田俊男) 참의원 의원 농정활동 24년

야마다도시오는 도야마(富山)현(縣)에서 태어나 동경의 와세다(早稲田)대학 정치경제학부를 졸업하고 일본농협중앙회(전중) 직원으로 들어와 농정부장 전무이사를 역임한 일본농업정책전문가로 알려졌다. 그는 일본 농민을 대변하는 입장에서 농협조직의 농정활동을 리드하는 이론과 현장 경험이 풍부한 인물이다. 필자와는 일본사무소 근무 시절 그가 전중의 농정부장 때에 자주 만났다. 어떤 때는 정부의 농산물수입개방정책 현안을 갖고 일본농림수산대신과 직접 TV 대담하는 등 일본 농협의 실질적인 간판역할을 했다. 그의 의견과 금후의 방향을 듣기 위해 공사석에서 자주 만나고 술자리도 함께 했었다.

그가 일본농협중앙회에서 정년퇴직을 하자 고향의 도야마(富山)현(縣) 토나미(礪波) 농협에서는 귀향하여 조합장을 맡아달라는 요청이 있었다. 야마다는 이를 수용하고 귀향해서 조합장을 맡을 생각도 했으나 그의 부인의 반대로 이를 포기했다.

한편에서는 그의 열정을 오랫동안 보아온 일본의 조합장들이 참의원출마를 권장했다. 그는 전국농협조합장들의 요구로 2007년 참의원 전국구후보로 자유민주당 공천을 받아 출마했다. 농협의 외곽조직인 전국농정연합의 지지를 받아 45만 표를 득표해서 자민당 내 2위로 당선되어 농림수산위원회 소속으로 의정활동을 시작했다. 2013년에는 34만 표, 2019년에는 22만 표를 얻어 세 번째 당선되었다. 관례적으로는 참의원 의원을 3기 연임하면 농림수산대신이 될 수도 있다고 듣고 있어서 농림대신이 되기를 기대한다.

2015년 어느 날 유기농산물유통업체인 주식회사 대지의 총회 행사장에서 야마다 의원을 만나 저녁식사를 함께하는 자리에서 모처럼 만났다. 모임이 끝나고 야마다로부터 자기 집에 가서 하루 밤 자고 가라는 제안을 받았다. 동경의 주변 치바(千葉)현에 있는 그의 집까지 택시를 1시간 타고 가서 그의 집에 도착했다. 이전부터 알고 지내던 그의 부인이 반갑게 맞이해 주었다. 대지 30평 정도, 2층 집이고 1층에 방 한 칸과 부엌이 있고 2층에 방 두 개가 있다. 나에게 1층에서 자라고 하고 의원 내외는 2층으로 올라갔다. 집의 규모나 가구 등이 너무 소박해서 깜짝 놀랄 정도였다. 일본 집들은 보통 실내가 좁은 편이라 일본인들은 보통 막역한 사이가 아니면 집에 초대를 잘 하지 않는다. 일본에서 5년 근무하는 동안 집으로 초청받은 경우는 고작 세 번 있었다.

그의 평소의 이야기와 일본 지인, 교수들의 이야기를 종합해보면 국가의 공직자나 단체 등에서 명예를 가졌기 때문에 재산은 갖지 않는다는 설명을 여러 계층의 사람들로부터 공통적으로 들었다. 가까이 지내던 히구마(日隈) 교수도 총장 제의를 받았지만 연구에 전념할 수 없어서 거절했다는 이야기를 들었다.

참의원 18년 하는 동안 〈오직 농업정책〉, 〈식량쟁탈시대의 일본농정〉, 〈일본농업재생〉, 〈농업과 일본의 재생계획〉 등의 저서를 출간했다. 이 책들은 모두 농협계통의 이에노히카리(家의光) 출판사에서 출간하고 전국의 농협직원들이 다수 구입한다고 들었다. 또한 그는 환태평양경제동반자 협정(TPP) 반대 운동의 최선봉에 나서서 의정활동을 한다. 그리고 각 국가는 자국농업의 다양성, 기후 풍토를 포함한 일본농업의 특성을 기본으로 인정하고 농산물 무역을 해야 한다는 논리를 전개한다. 그는 평소에도 식(食)과 농업을 소홀히 하면 국가는 존재할 수 없다는 이야기를 늘 주장했다. 그래서 야마다 의원을 후원하는 농협농정위원회 등 4개 단체가 6회의 정치자금

모금파티를 개최해서 정치자금을 모금한 것으로 전해지고 있다.

야마다의원이 중심이 되어 입법한 법률안으로 도시농업 진흥기본법, 농업후계자 육성 확보촉진법, 농업이 갖는 다면적 기능발휘를 위한 교부금교부에 관한 법률, 녹차진흥지원법 등을 제정했다.

요즈음 세계의 식량 사정은 오랫동안 과잉상태였으나 단숨에 핍박상태로 전환되었다. 그 주된 원인은 중국과 인도의 경제 발전이다. 중국은 13~14억 명에 이르는 세계 최대의 인구이다. 중국의 경제사정을 보면 성장은 둔화되고 있으나 점진적으로 미국과 구라파보다 빠른 경제회복을 보이고 있다.

세계은행이 발표한 2008년 1인당 GDP는 중국이 5,962 달러이고 인도가 2,762 달러이다. 일본은 3만 4천 달러이니 중국이 아직은 뒤떨어져 있는 것이 사실이다. 그러나 중국은 소득 수준이 급상승하고 있고 식생활의 고급화 경향도 보이고 있다. 유체와 대두를 사용한 식용기름을 대량으로 사용하고 육류 소비가 급격히 늘고 있다. 물론 사료는 옥수수와 대두박이다. 이러한 중국의 식생활 변화는 세계 농산물 무역에 심각한 영향을 끼치고 있다. 대두를 보면 오랫동안 붓셀당 4~5달러이던 가격이 2007년부터 2008년 사이에 급등했다. 2008년 7월에는 붓셸당 16.63 달러까지 올랐다. 대두 가격이 급등한 것은 옥수수로 바이오에타놀 생산을 증가하기 위해 대두 생산량을 감소시킨 것이 그 배경이다.

중국의 식생활 변화에 따라 식육 생산에 필요한 옥수수를 대폭 국내생산으로 전환하고 대두생산을 감소시킨 결과다. 미국 농무성 통계에 의하면 중국은 2006년, 2007년 미국과 브라질 등에서 대두를 4000만 톤 수입했다. 이는 대두의 세계 무역량의 54%에 이른다.

여기에 2005년 세계 인구는 65억 명이었으나 2050년에는 92억 명으로 예측된다. 현재도 발전도상국 등에서는 10억 명이 기아상태에 놓여있다. 대폭적인 식량 증산 가능성이 없는 상태에서 늘어가는 세계 인구를 어떻게 먹여 살릴 것인가가 중요한 과제가 되고 있다.

이렇게 보면 각국은 한정된 농경지를 가장 효율적인 방법을 찾아야 한다. 농지전용규제를 강화하고 경작 포기농지를 활용해서 농업후계자가 안심하고 생활할 수 있도록 지원하는 등 국민의 기초식량은 국내생산으로 자급할 수 있는 기반을 만드는 것이 급선무다. 논농사유지와 수자원과 산림자원의 확보를 위해 일본의 50%의 지자체는 삼림환경세(森林環境稅)를 부과하고 있다.

30년을 농협조직에서 농민의 소득 증대와 지위향상을 위해서 일하면서 쌓은 실력과 경험을 다시 인생의 후반전에 들어 마지막까지 농업인을 위해 헌신하는 야마다 의원의 직업정신을 높이 평가하고 한없는 존경심을 보낸다.

야마다도시오 참의원 의원 당선 축하 모임

7

농촌 현장에서 농민과 함께하는 고마쓰고이치(小松光一) 교수의 직업관

- 코로나로 인한 팬데믹은 바로 공장형 농업이 주범

농촌 현장에서 농민과 함께하는 고마쓰고이치(小松光一) 교수의 직업관

- 코로나로 인한 팬데믹은 바로 공장형 농업이 주범

1985년 9월 일본 동경사무소에 부임해서 말도 서투르고 지리도 잘 몰라서 관련 단체 인사차 방문 등으로 한창 분주할 즈음이다. 이때 이에노히카리(家노光) 출판사의 총무부장 수도(須藤)씨의 소개로 고마쓰고이치(小松光一) 교수를 그해 11월 처음으로 사무실에서 만났다.

그는 다음해 봄에 한국 농촌을 견학할 계획인데 한국 일정 중 방문처 알선 등 협력해 달라는 용건이었다. 그 당시는 본부와의 업무 연락이 모두 텔렉스로 이루어지는 때였다. 그는 한국에 도착하여 농협중앙회의 홍보실 주선으로 파주 민통선 부근의 농가를 방문하였다. 홍보실에서 후에 전해 듣기로 그는 농가에서 부엌과 장독대를 들여다보고 된장과 간장을 손으로 찍어 먹어 보는 등 호기심이 많은 분이었다고 한다. 농민들과 대화도 나누는 등 매우 흥미롭게 생각하고 진지하게 한국 문화를 이해하려는 태도가 보였다고 했다.

그런 인연으로 고마쓰 교수와 친해져 한국연수단이나 국회 농수산 의원 등의 일본 농촌 방문을 알선해 주는 등 적극적으로 협력을 아끼지 않았다. 그의 제자들 중 훌륭한 농가를 소개해주어서 방문하면 설명도 잘해주고 융숭한 대접도 받았다. 고마쓰 교수는 농촌의 청년들에게 인기 강사로 알려져 있었다.

그 당시는 해외여행이 자유롭지 못한 시기여서 농협의 임직원은 물론, 국회의원이나 농림부의 고위 공무원이 미국이나 유럽 방문 후 동경에 들리면 꼭 농가 시찰을 주선하라는 연락이 빈번했다. 너무 자주 똑같은 요구를 받기 때문에 시찰 예정 농가를 품목별로 미리 작정해서 특별 관리를 할 생각으로 고마쓰 교수와 상의했더니 바로 자기 제자 중에서 나리타(成田) 공항 근처에서 오이 재배하는 이시다미쓰노부(石田光伸, 70세)씨를 소개해 주었다.

이시다 씨는 한국의 농협, 국회 등 고위층의 갑작스런 방문도 수용해 주어서 후에 친척과도 같은 사이가 되었다. 귀국 후 그를 한국에 초청해서 오이재배단지를 순회하면서 강의도 했다. 너무 자주 방문하고 교류를 하면서 이시다의 어머니는 필자를 동경에 사는 아들이라고 할 정도가 되었다.

고마쓰 교수와 함께 방문한 곳이 나가노(長野) 현 이이다(飯田)시, 시마네(島根) 현 야사카무라 , 이바라키(茨城) 현 가쿠다(角田)시 등 일본 10여 곳에 이른다. 이들 농가들과는 지금도 친구나 친척처럼 전화 등으로 교류하면서 지낸다. 유기농산물 일본 내 최대 유통업체인 대지를 지키는 모임의 후지다(藤田) 회장과도 고마쓰 교수와 가깝게 지내면서 교류가 시작되었고 지금도 전화와 메일로 자주 교류한다.

고마쓰는 치바 농업대학 교수직을 정년퇴임하고 퇴직금으로 1천 만 엔 정도 받았다. 그는 퇴직금 전액을 태국의 산악 소수민족인 라후 족의 교육농장을 구입하는 기금으로 기증하고 정년 후 10여 년 간 태국 라후 족 마을에 가서 살면서 그들의 소득증대를 위해서 그의 2모작 인생을 출발했다. 필자는 농민신문 사장으로 있을 때 임원들의 해외연수지로 유럽농촌 남미의 농촌을 거론하고 있을 때 고마쓰 교수가 있는 태국 산악 민족 마을을 방문한 적이 있다. 라후족은 티베트에서 내려온 소수민족으로 색동무늬 저고리를 입고 있고, 놀이 등이 우리민족과 비슷한 점이 많다는 느낌이 들었다.

그의 부인 마키 씨는 몽골의 장애인들을 돕는 봉사활동을 평생 하고 있다. 일본의 휠체어 중고품을 구입하거나 희사를 받아서 이를 수리해서 몽골장애인에게 보내는 운동을 하면서 몽골을 자주 왕래한다.

고마쓰 교수 부부가 사는 집에도 자주 가보았다. 동경의 변두리에 있는 방 하나와 부엌이 있는 13평 정도의 아파트 한 칸이다. 처음에는 그 집이 자가인 줄 알았는데 나중에 보니 자주 이사를 하기에 물어보니 자가는 없다고 했다.

그는 북해도에서 태어나 치바 현립대학의 교수, 대지를 지키는 모임의 고문, 오비히로 농업숙의 숙장, 가구다(角田)시 농업진흥공사 고문 등을 역임하고 있다. 저서로는 〈사람과 마을과 축제의 지역론〉, 〈진화하는 일본농업〉, 〈북태국 화전민촌의 천지유정〉, 〈산간지농촌의 산직혁명〉 등 20여 권의 저서가 있다. 고마스 교수의 저서는 일본 농촌의 청년들에게 인기가 높다.

고마쓰 교수의 최근의 저서에는 다음과 같은 글이 있다.

“남미 아마존에 살고 있는 야노마뫼 사람들은 감염증이 확산되면 흩어져 살다가 이윽고 감염증의 우려가 없어지면 다시 마을에 모여서 무리를 지어 사는 풍습을 갖고 있다. 마을의 어원은 무리에서 왔다. 즉 인류는 서로 공동체의 장소를 소중히 여겨왔다. 인류에게는 역사적으로 오랫동안 공동체라는 중간 조직이 있었다. 개인 대 국가가 아니고 개인은 서로 연결해 집단을 이루어 공동체를 만들고 국가나 외부와 대응하는 방법이다. 공동체에서 지혜의 교감과 커뮤니케이션 속에서 살아가는 지식과 지혜를 주고받아 왔다. 최근 2년 동안 신종 코로나바이러스 혼란 속에서 과밀도시 도쿄로부터 일부러 과소의 농산 촌으로 들어가려는 움직임도 나타나고 있다.”

유엔 식량농업기구(FAO)의 2019년 자료에 의하면 전 세계 식량의 80%는 소규모 가족농가에 의해서 생산된다. 한국과 일본의 농업 생산의 상당 부분을 지탱하는 주체가 중산간지의 농가다. 이들 소규모의 가족 농가가 없이는 한국도 일본도 국민의 식량을 조달하기 어려울 것이다.

공장형 농업은 야생생물 감소와 세계 야생목초지 파괴의 주요 원인이다. 가축을 공장에서 사육하는 것은 효율적일 수는 있지만 그 먹이를 생산하는 데 광대한 토지가 필요하고 그것이 야생지에 대한 인간의 침입과 서식지의 파괴를 일으킨다. 그래서 공장형 농업과 코로나로 인한 팬데믹은 밀접한 관련이 있다고 본다. 즉 코로나로 인한 팬데믹은 바로 공장형 농업이 주범이라는 판단이다.

농업 청년들과 외국의 장애인들을 도우면서 무소유의 삶을 사는 고마쓰 교수 부부의 삶은 우리에게 많은 것을 시사해 준다. 코로나 위기를 맞아서 그는 생명이 위독한 경우가 되더라도 다른 젊은이들을 먼저 치료해주고 자기는 생명 연장을 위한 의료조치는 받지 않겠다고 선언한 각서를 자필로 써서 호주머니에 담고 살고 있다고 했다. 집에서 안식구와 나는 고마쓰 교수 부부의 건강을 지켜주시도록 하느님께 늘 기도하고 있다.

고마쓰고이치(小松光一) 교수와 대지의 후지다가즈요시 회장

8

일본농협의 미래방향을 제시한 고 마쓰시다마사오(松下雅雄) 조합장

일본농협의 미래방향을 제시한 고 마쓰시다마사오(松下雅雄) 조합장

10여 년 전 동경의 올림픽 청소년 기념관에서 있었던 지산지소 관련 국제심포지엄에 참석했다가 아침 일찍 신주쿠에서 로만스카를 타고 하다노시 농협에 갔다. 조합원수는 14,400명(준조합원 11,500명 포함)이고 예수금은 2,372억 엔, 대출금은 420억 엔으로 예대비율이 30% 정도이다. 직원 수는 365명이고 당기순이익을 6억 엔 정도 내는 중규모의 농협이다.

하다노(秦野)시 농협은 일본농협 중에서도 조합원 교육을 가장 열심히 하고 있는 농협으로 평가받고 있다. 우리나라의 지도(知道)농협과 자매결연을 맺어서 조합원과 조합원 자녀 등의 상호교류를 열심히 하고 있고 10여 년 전부터 학생들의 서예와 그림 등 작품을 상호 교류하면서 전시하여 학생들의 국제적인 감각 증진에도 도움이 되고 있다.

한국농협중앙회 직원들은 일본농협을 벤치마킹하기 위해 일본을 자주 방문하는데 그중에서도 하다노 농협을 가장 많이 방문한다. 하다노 농협은 아시아와의 공생(그 외 조합원과의 공생, 지역사회와의 공생)을 조합경영 기본방침으로 정하고 있어 그의 일환으로 한국농협과의 교류를 중요시한다.

하다노 시 인구는 16만 2천 명으로 동경의 베드타운 역할을 한다. 고 마쓰시다 조합장은 도시화와 농민의 고령화가 진행되는 가운데 지역농업을 어떻게 활성화시킬 것인가를 가장 중요한 과제라고 생각했다. 마침 마쓰시다 조합장은 2,000년 서울 양재동의 하나로 클럽을 시찰하고 나서 지역 내에 파머스마켓을 설치할 것을 결심했다. 참모들로 하여금 서울로 출장을 보내 하나로 클럽을 시찰하고 보고서를 작성하도록 했다고 한다.

그들은 파머스마켓의 애칭을 '하다노지반산(秦野地場産)즈(s)'로 공모하여 결정하고 2002년 11월 매장면적 187평, 주차장 260대 규모로 오픈했다.

생산자와 소비자의 교류를 통한 지역 활성화

그리고 파머스마켓을 현재의 농촌 환경을 감안해서 조합원 중심으로 운영하기 위해 설치목적을 다음과 같이 명확히 했다.

1) 지역농업에 관한 정보제공과 생산자와 소비자의 교류를 통해서 지역진흥과 지역 활성화를 도모한다.

2) 판로의 다양화와 산지(產地) 간 경쟁이나 국제경쟁의 격화에 대응해서 농산물의 시장 외 유통 확대와 판로확보를 도모하고 농산물의 적정가격 판매 및 농업소득의 안정에 기여한다.
3) 고령화시대에 대응해서 고령자와 여성 등을 주요 대상으로 해서 소량다품목 농산물의 판로를 확보함과 함께 소비자의 요구에 맞는 유기 감(減)농약 농산물의 보급과 생산 확대를 도모한다.
4) 신선, 안심, 저렴한 농산물을 연중 소비자에게 안정적으로 공급함과 동시에 점두정미(店頭精米: 소매점에서 판매시 점에 정미) 방식의 정미소를 설치해서 지역산 쌀 '깨끗한 물의 하다노 쌀'이라는 브랜드로 소비확대를 도모한다.

운영방식은 생산자로부터 판매위탁을 받은 신선하고 안전한 지역산 농산물이나 가공품 등을 소비자에게 중간경비 없이 저렴하게 제공하는 방식으로 한다. 이 방식은 생산자와 소비자의 교류를 촉진하며 생산자를 조직화하고 삶의 보람을 느끼도록 하는 한편, 생산자로 하여금 지역산 농산물과 가공품의 브랜드화나 지역 농업의 발전에 기여하도록 하고 있다. 출하를 희망하는 농가는 농작물과 가공품을 직접 생산·제조하는 하다노 농협의 조합원과 그 가족으로 하고 농협과 판매위탁 계약을 체결한다.

매일 아침에 수확해서 출하된 채소류가 50품목이고 수제 가공품과 절화, 화분 등을 포함하면 100여 품목이 진열되어 있다. 매월 15일과 월말을 기준으로 판매대금을 정산한다. 이때 판매 수수료 15%와 바코드라벨 발행실비를 공제하고 25일과 다음달 10일에 농협의 출하자 구좌에 입금한다.

2020년 결산까지는 판매액이 10억 엔 정도 달성할 것이라고 마쓰시다 조합장은 예측하면서 매년 20% 정도씩 매출액이 성장하는 이유는 신선하고 안전한 농산물이라는 점이 소비자에게 인정되었기 때문이라고 한다. 여기서 중요한 역할을 한 것이 음성안내시스템이라고 한다. 출하 농민이 새벽에 생산해서 당일 7시 30분 경 매장에 출하한 농산물이 15분마다 몇 개 팔렸는지 알 수 있도록 음성안내시스템을 도입했다. 예를 들면 아침에 출하하고 밭에서 핸드폰으로 음성안내시스템에 전화해서 모두 팔렸다는 것이 확인되면 다시 수확해서 출하하므로 신선한 농산물을 바로 소비자가 구입할 수 있다는 것이다.

관내 농산물이 70%

농산물의 70%는 지역 내 농산물이고 나머지 30%는 전국 40개 농협이 운영하는 농산물직매소와 제휴해서 출하받고 있다. 지바산즈의 개설에 중심적인 역할을 했으며 일본농협의 준조합원문제 전문가인 미야나가사토시(宮永 均, 현 조합장) 씨는 “생산하면 팔리는 시대가 아니다. 생산자의 이름이 지금은 브랜드가 되고 있다.”라고 설명한다.

출하 농가 간의 선의의 경쟁도 한다. 다른 농가가 재배하지 않는 농작물 생산에 도전하기도 하고 끊임없이 다른 출하자와 비교하면서 상대방이 출하한 것이 왜 잘 팔리는지를 알아보기 위해 비교검토하고 아이디어를 도입하기에 여념이 없다. 그래서 그런지 이전에는 보지 못했던 중국 사람들이 즐겨먹는 채소를 재배하여 진열하기도 하고, 유럽에서 인기가 있는 채소를 지역에서 재배하여 판매하기도 한다. 현재 출하 등록된 농가는 오픈 당시에는 300호였으나 지금은 650호로 증가했다. 호당 평균 120만 엔이지만 최고 1천만 엔 이상을 출하하는 농가도 있다.

지산지소(地産地消)와 신토불이(身土不二)

직매장의 정면 벽에는 지산지소(地産地消)와 신토불이(身土不二) 액자가 나란히 걸려 있다. 마쓰시다 조합장은 일본 정부가 농정의 핵심사항으로 추진하는 지산지소보다 한국에서 추진했던 신토불이 운동이 훨씬 강력한 호소력이 있다고 생각되어 함께 걸었다고 설명한다. 그런데 한국에서는 신토불이 운동이 잊혀 가는 것 같아서 안타깝다고 이야기한다.

하다노 농협은 고령조합원들의 요구로 노인복지시설 '데이케어서비스센터'도 운영한다. 매일 고령 노인들을 자동차로 모시고 와서 하루 종일 수발해 드리고 오후 5시에 귀가시키는 사업이다.

농협 건물 옆에 300평의 부지에 174평의 건물을 지어 수발보험 대상자 40명이 이용한다. 투입된 비용은 2억 엔 정도라고 한다. 중증 치매환자의 경우 하루 8시간 수발하는데 1만엔이 소요되지만 개인의 부담은 1천 엔에 불과하고 나머지 9천 엔은 사회보험인 개호(介護) 보험으로 충당된다. 농협의 복지시설 운영은 조합운동으로서도 중요한 사업이고 조합 경영면에서도 필요한 수익사업이라는 설명이다.

2014년부터 일본 정부 주도의 농협 개혁 방향이 논의되었다. 즉 농업인의 조직인 농협이 농민이 아닌 준조합원의 수가 정조합원인 농민의 수보다 많다는 점과 신용사업이 중심이 되는 것은 바람직하지 않다는 것이다. 이런 분위기 속에서 하다노 농협은 농민만의 조직에서 벗어나 비농가의 주민도 농촌지역을 구성하는 협동조합의 동지로 받아들여 정조합원과 준조합원이 함께 식량과 농촌을 지키는 협동조합이 되어야 한다는 생각으로 지역농업진흥계획을 수립·발표했다. 순수 전업농지대인 북해도에서도 비농민인 준조합원 비율이 80%

인 점을 감안하면 이제는 농민만의 농협조직은 존속이 불가능하다는 판단으로 정부도 인정하는 분위기이다.

코로나 이후 농산촌 생활에 관심 있는 도시주민이 늘고 있다. 농산물직매장을 운영하면서 등록고객(약 400명)으로 〈농업을 즐기는 클럽〉을 만들어 농산물 수확체험을 실시하고 있다. 카네이션 재배 농가는 꽃 수확체험 등 봉사활동으로 〈카네이션 클럽〉을 운영한다.

가정에서 일상적으로 소비하는 채소를 재배하고자 하는 도시인에게는 파종부터 수확까지 농가의 지도를 받아가면서 재배체험을 즐길 수 있는 체험농장(1구획 6평)을 제공하고 지도한다. 본격적으로 농업을 배워서 취농하고자 하는 도시인에게는 〈하다노 시민 농업숙(행정과 농협이 함께 후계농민육성학교)〉에서 재배 기술을 1년 간 기초부터 배울 수 있다. 수지계산하면서 작부체계를 만들어 농가로서 자립할 수 있는 실천적 수업을 진행한다. 실제로 시민 농업숙을 졸업하고 관내에서 농지를 빌려 판매 농가가 된 도시 주민이 15년 동안에 83호가 된다.

코로나19로 2021년에는 농촌생활을 희망하는 도시 주민이 늘어서 일본 전국 각지에서 꽃과 채소 모종 판매가 급증했다. 하다노 지역에서도 학교수업이 인터넷원격수업으로 전환되면서 부모와 어린이가 함께 농작업 체험을 즐기는 가족이 현격하게 증가했다. 좁은 집을 떠나 자연과 함께하는 농촌의 삶을 체험하는 도시인이 급증한 것이다. 일주일에 2~3회 쉽게 농촌지역에 접근할 수 있는 농촌에서 상쾌한 공기와 자연 속에서 생활할 수 있는 도시주변 농촌지역을 찾는 사람들이 급증했다. 이는 대도시가 잃어버린 농촌스러움과 상부상조의 인간관계가 아직 남아있는 〈농촌 같은 도시〉의 매력이 인정되기 때문이다.

우리 일행을 안내한 조합장은 파머스마켓을 운영함으로써 농민이 농가소득을 올리는 것은 물론 조합원의 삶의 질이 향상되었다고 한다. 농민들이 활력을 되찾게 되었고 고령자들의 건강수명이 연장되었다는 점이 가장 중요하다고 말한다. 수입개방과 도시화, 고령화로 지역농업이 활력을 점점 잃어가고 있었으나 파머스마켓의 개장으로 조합원들이 농협 중심으로 뭉치고 협동조합의 필요성을 조합원 모두가 실감하게 되었다는 것이다.

저녁식사를 마치고 우리 일행을 배웅해 주면서 미야나가사토시(宮中 均) 조합장은 "시대의 변화와 함께 끊임없이 변화해가면서 조합원의 요구에 부응하는 것만이 하다노시 농협이 살아남는 길"이라고 강조한다. 하다노시 농협은 일본 농협의 성공 모델이며 농협과 농촌의 미래 방향을 제시한 것으로 인정받고 있다.

마쓰시다마사오 조합장과 사토기사쿠 조합장 광양청매실 홍쌍리 농가 방문

9

유기농산물 유통업
- 大地와 후지다가즈요시(藤田和芳)회장의 직업관

유기농산물 유통업

– 大地와 후지다가즈요시(藤田和芳)회장의 직업관

“농약의 위험성을 백만 번 외치는 것보다 한 개의 무(無)농약 무를 생산하고 먹도록 하는 것이 사회와 나라를 변혁시킬 수 있는 힘이라고 생각한다.”

유기농이라는 단어조차 생소하게 들리던 1975년 농촌운동 단체인 ‘대지(大地)를 지키는 모임’ 창설을 주도한 후지다가즈요시(藤田和芳) 회장이 저술한 「무 한 뿌리의 혁명」이라는 책에 나오는 이야기다.

후지다 회장은 기독교대학인 상지대학을 졸업했다. 대학시절 학생운동을 했고 ‘어떻게 하면 사회를 바꿀 수 있는지’를 늘 고민했다. 졸업 즈음에는 사회를 변혁시키는 활동을 하겠다고 결심한 그는 농촌운동에 뛰어 들었다. 국민의 생명을 구해야 한다는 소명의식의 발로였다고 그는 말한다. 국회의원 공천을 주겠다는 정치권의 요구도 수차례 받았으나 그는 단호히 거절하고 50년 동안 한 길을 걷고 있다.

농약, 화학비료 투성이의 근대농법이 아니고 건강한 토양 만들기에 심혈을 기울여서 자연의 힘을 활용한 유기농업을 생산자와 소비자가 함께 손을 맞잡고 육성해 가자고 결의 했다. 그것이 국가와 민족의 발전을 위한 시급한 일이라고 생각했다.

2016년까지 대지를 지키는 모임은 2,500여 생산자회원과 6만 명의 소비자 회원 그리고 5개의 자회사의 법인 회원으로 구성하고 주로 환경운동과 시민운동을 했다. 주식회사 대지는 생산자 회원과 소비자 회원의 파이프 역할을 하는 물류조직을 운영하고 각지의 활동 거점이 되는 센터를 건설하면서 유기농산물의 공동구입과 택배사업을 한다. 나머지 회사는 유기농업 농가를 지원하기 위한 기금 운영하는 회사 그리고 유기농산물로 직접 조리해서 파는 음식점을 경영하는 회사 등이다.

1977년에는 대지를 지키는 모임의 유통부문으로 주식회사 대지를 설립했다. 전국 각지의 유기농산물 생산자와 제휴하고, 누구나 안전한 식품을 사먹을 수 있도록 소비자의 네트워크를 넓히면서 안심하고 먹을 수 있는 농축산물, 수산물, 가공식품 등을 제공할 수 있도록 전력을 기울였다.

동시에 지속가능한 1차 산업의 발전과 의(衣)와 식(食)도 포함한 생활 전체의 안전을 지키는 것을 목표로 하고 환경호르몬, 유전자조작 식품의 배제, 식량 문제 등 다양한 활동을 해왔다. 이 단체는 아시아의 농민이나 NGO와도 연결하면서 국제적인 네트워크도 형성해 가고 있다. 이러한 활동을 통해서 '자연환경과 조화를 이루고 생명을 경외하는 사회의 실현'을 목표로 한다고 밝히고 있다.

대지를 지키는 모임은 2017년 동종업체인 오이식스주식회사와 경영통합하고 또 다른 유기농업택배회사를 매수해서, 현재는 4,000명의 생산자 회원과 45만 명의 소비자 회원을 갖는 대형유기농산물판매회사가 되었다. 회사 명칭도 오이식스라 대지주식회사로 변경하고 3,500품목을 유통시켜 연간 매출액 1,400억 엔(한화 1조 4,000억 원)에 이르는 대형 회사를 이루었다.

작년부터 매출액이 급격하게 늘었는데 이는 유럽 등의 여러 나라에서 유기농산물 신선채소에는 화이트케미컬이라는 면역력 증강요소가 있어서 코로나19를 이길 수 있다는 연구논문이 발표되었기 때문이다.

동경 근교 찌바(千葉)현에 사는 한 소비자 회원 집에서 민박할 수 있는 기회가 있었다. 이집 주부 야마다(山田 여, 50세)씨는 일반 슈퍼보다 1.5배 비싸지만 안전하고 안심이 되어 10여년 이상 이용하고 있다고 한다. 또 선도가 좋고 과일도 맛이 좋고 육류도 가공식품도 품질이 우수하므로 가격이 조금 비산 것은 문제가 아니라고 한다. 대지가 주관하는 생산자와 소비자의 교류활동에도 적극적으로 참여하고 환경운동에도 참여하면서 보람을 느낀다고 한다.

대지는 생산자와 소비자의 교류활동을 중요시한다. 상호 신뢰와 안심감이 더욱 넓혀지도록 생산자와 소비자, 도시와 농촌, 일본과 세계를 연결하고 얼굴을 서로 마주볼 수 있는 관계를 만들어야 세계평화가 온다는 그의 직업관이다. 모내기 행사 체험, 가공공장 견학, 가공 체험 등을 시행한다. 또 북해도에서 규슈까지 일본 각지의 생산자를 방문하고 서로 이야기할 수 있는 체재형 산지교류 여행도 주선한다. 동경 근교에서 생산자 소비자 가족 모두가 참여하는 수확체험이나 생산자와의 교류 등을 매년 개최한다.

1년에 한번 전국 각지에서 생산자와 소비자 그리고 대지의 모든 직원들이 참여하는 동경 집회는 몇 만 명이 모이는 대규모 집회로 유명하다. 모두가 교류를 통해서 한 가족이 된 셈이다. 생산자와 소비자가 공동체를 이루었다고 볼 수 있다.

대지를 지키는 모임의 중요한 시민운동을 보면 유전자 조작식품 반대운동, 여름 밤 일시적으로 전기 불을 끄는 '100만인 촛불의 밤' 행사, 쌀 자급률 향상 운동, 쓰레기 리싸이클 운동, 안전한 학교급식 보급 운동 등 다양한 운동을 다른 NGO 등과 함께 연대하여 개최한다. 특히 농업문제나 학교급식 문제 그리고 100만 명 청년 농촌회기운동 등은 농협과 함께 개최하여 효과를 더욱 높이고 있다.

그가 태어난 일본의 동북쪽 농촌마을을 그리워하는 마음이 그의 일생을 농업과 농촌을 위한 길로 안내했다고 한다. 생산자와 소비자가 함께하는 협동조합이상촌 즉 농산촌유토피아를 건설하는 것이 후지다의 직업관이고 꿈이다.

후지다가즈요시(藤田和芳), 야마다도시오 의원 등 - 경기도 김장농가 방문

10

고 히구마다케요시 (日隈健壬) 교수 - 농촌현장이 연구소

고 히구마다케요시(日隈健壬) 교수
- 농촌현장이 연구소

필자는 40년 간 농협에서 일을 했다. 1965년 입사해서 농촌지도, 경제사업, 신용사업 등 다양한 일을 지방과 서울을 오가면서 근무하고 2005년 퇴임했다. 한 직장에서 40년을 보낸 시간을 돌이켜 보면 명예롭기 보다는 부끄러운 생각이 앞선다. 농민들이 잘 살기는커녕 수입개방 등으로 홀대받는 농촌이 되고 말았기 때문이다. 과연 나는 40년 동안 무엇을 했는지 되돌아보면 월급을 받고 내 자신의 영달만 생각하고 살아왔던 삶이 아니었나 하고 자책하고 있으면 얼굴이 화끈거린다.

퇴임 후 2모작 인생을 어떻게 할 것인가 고민하고 있을 때 일본 슈도(修道)대학 히구마다케요시(日隈健壬) 교수를 만나게 됐다. 히구마 교수는 전라남도 영암군과 강진군 등 한반도의 서남부 쪽에 관심이 많았고, 특히 농촌지역 사회학 연구에 관심이 깊었다. 자연히 필자와 한국농촌을 걸으며 이야기를 나눌 수 있는 기회가 많았다. 특히 한국과 일본의 농촌을 비교 연구하는 그의 모습에서는 많은 것을 배울 수 있었다. 히구마 교수는 여름방학 때 일본대학생들과 함께 한국농촌을 방문해 조사도 하고 노인복지시설을 찾아 봉사활동을 했다.

이렇게 인연이 된 히구마 교수는 2005년 어느 날 필자에게 일본의 농업 농촌 문화에 대해 좀 더 공부하고 싶지 않느냐는 제안을 해왔다. 필자는 이를 계기로 히로시마에 있는 슈도대학의 객원연구원 자격으로 히로시마에 가서 1년간 연구원 생활을 하겠다고 했다. 그해 8월 말 아내와 함께 히로시마에 도착해 히구마 교수의 특별한 배려로 객원연구원 생활이 시작됐다.

객원연구원이 된 필자는 슈도대학의 재학생과 졸업생 등 10여 명의 히구마 세미나 팀과 함께 히로시마 북부와 광산지역 등 농산촌 지역을 견학하고 히구마 교수의 설명을 들을 수 있었다. 히로시마에 있는 동안 일본 농촌지역 30여 곳을 방문했다. 당시 일본 농촌방문 기록을 광주일보에 연재한 적도 있다. 시마네(島根)현의 농촌에서는 학생 운동했던 지도자들이 폐허화되어 가는 농촌을 일으키기 위해 유기농업단지를 만들고 직접 소비자에게 판매하는 직거래장터를 운영하는 모습도 볼 수 있었다.

2007년에는 히구마 교수의 제안으로 NPO법인 한일농업농촌문화연구소(일본 히로시마시 등록법인)를 설립했다. 한국과 일본의 농업과 농촌을 사랑하는 사람들이 모여서 공부하고 친목을 도모하는 모임이다. 수차례 걸쳐 토론회를 열고 심포지엄도 개최했다. NPO법인은 한국과 일본의 농업 농촌 문제뿐만 아니라 양국의 우호증진에도 중요한 역할을 해왔다.

2008년 여름방학 때는 슈도대학 학생 10여 명과 필자의 고향마을을 방문해 주민의 복지 현황과 노인들의 의식 조사를 한 적이 있다. 그 당시 히구마 교수와 학생들은 마을회관에서 잠을 자고 라면을 먹으면서 현장에서 학생들을 지도했다. 히구마 교수의 농촌에 대한 강한 교육자의 신념을 느낄 수 있어 오래 기억되고 있다.

한국과 일본은 인접 국가이므로 역사적으로 주고받는 관계가 무척 많다. 한국에는 이웃사촌(四寸)이라는 말도 있다. 멀리 있는 친척보다 가까이 살고 있는 사람이 사촌(四寸)이라는 뜻으로 널리 사용된다. 국가 간에도 그렇다고 나는 생각한다.

히구마 교수는 대학의 학장을 맡으라는 설립자의 권유를 많이 받았지만 사절했다고 한다. 학교 경영에 전념하다 보면 교수의 본업인 연구를 소홀히 할 수밖에 없다는 이유에서다.

학장의 지위보다 평교수로 연구업적을 남기는 것이 더 보람있는 일이라는 히구마 교수의 설명이다.

1차 산업인 농업과 농촌의 문제는 지구촌 환경문제와 함께 모든 인류의 공통의 과제인 것 같다. 학문과 이론보다는 현장에서 답을 찾기 위해 행정과 학자, 주민이 나서는 모습을 일본 곳곳에서 볼 수 있었다.

히구마 교수는 대학에서 강의보다는 농촌의 현장을 방문하는 것을 중요시한다. 그 이유를 물었다. 그는 농촌 현장에서 농촌의 문제를 발견할 수 있지만 그 해답도 거기에 있기 때문이라고 답했다.

히구마 교수뿐만 아니라, 자주 만났던 일촌일품운동의 전문가인 동경대학의 이마무라나오미(今村奈良臣) 교수와 와세다대학의 가키자키(柿崎) 교수, 법정대학의 고마쓰고이치(小松光一) 교수도 각각 지방에 연수시설인 숙(塾)을 갖고 운영한다. 가키자키 교수는 갓쇼쓰쿠리의 고장으로 유명한 산촌 지방자치단체의 교육장도 맡고 있었다. 숙은 학교교육의 연장선에서 농촌현장의 청년들을 지도하는 비정기 사설연수원인 셈이다.

어느 날 이마무라 교수의 농촌청년 교육장에 참석해 강의를 들은 적이 있다. 그는 “동경 같은 도시에는 문화라는 것이 없다. 농촌지역에는 몇 백년 계속 이어오면서 지역을 발전시키고 활기찬 전통예능 전통문화가 있다. 가슴을 쭉 펴고 자신 있게 전통예능과 전통문화를 후손에게 여러분이 전달해야 할 의무가 있다. 이런 역할을 요즘 농협에서 하는 농산물직매장이 맡아야 한다”고 강조했다. 필자도 가키자키 교수와 고마쓰 교수의 농촌 숙에 참석해서 한국농업과 농촌을 알리는 강의를 한 적이 있다.

2007년 어느 날 필자는 히구마 교수 일행과 전남 진도군을 함께 방문했다. 고등학교 후배인 박주언 진도문화원장의 안내를 받아 임진왜란 때 전사한 일본인들의 무명의 집단 무덤이 있다는 사실을 전해 듣고 현장을 방문했다. 이 무덤은 일본인에게 덕을 베풀었다는 의미로 〈왜덕산 矮德山〉으로 불리고 있었다.

이때 방문을 계기로 매년 8월에 슈도 대학생과 이마바리(今治)의 구루시마(來島, 명량해전에서 전사한 왜군장수) 기념사업회 회원들이 왜덕산을 참배하는 행사를 하게 됐다. 왜덕산 관련 한국과 일본의 언론보도도 자주 있었다. 이것이 계기가 되어서 전라남도가 주관하는 명량해전 기념행사에 매년 구루시마(來島)기념사업회의 회원들이 다수 참석하고 있다.

2014년 2월 히로시마의 지인으로부터 히구마 교수가 암 판정을 받았으나 연명치료를 거부하고 지인과 친척들에게 마지막 강의를 할 예정이라는 연락을 받았다. 1개월 후 3월 1일, 이지묵(李之黙) 농협신용대표이사와 함께 히로시마의 한 호텔에서 개최되는 히구마 교수의 마지막 강의에 참석했다. 열정적으로 평소와 다름없는 농촌에 대한 강의는 많은 사람의 심금을 울려주는 명강의였다. 그 후 1개월 후 히구마 교수가 운명했다는 연락을 받았다.

농촌현장에 농업의 문제도 있고 해답도 거기에 있다는 것이 일본 교수들의 일반적인 직업관이다. 그래서 일본의 교수와 학자들은 살아있는 학문을 하고 있다는 평가를 받는다.

사망 1개월 전 히구마다케요시 교수의 마지막 강의

11

1,300년을 이어온 아사카와(淺川) 형제의 유별난 한국 사랑

1,300년을 이어온 아사카와(淺川) 형제의 유별난 한국 사랑

2022년 1월 30일 오후 지하철과 전철을 타고 망우리 역에서 내렸다. 망우역에서 공동묘지 가는 방향을 철도청 직원에게 물어보았으나 모른다는 것이다. 한참 헤매다가 택시를 타고 10분 정도 가서 망우리 묘지관리사무소에 도착했다.

왼쪽으로 등산로를 올라가 약수터 표지판이 나오고 좀 더 올라가니 지석영 연보비가 있다. 그곳에서 5~6분 더 올라가면 오른쪽에 아사카와다쿠미 묘가 보인다. 묘의 주인은 일제 강점기 조선에서 한국 사람의 '진정한 친구'로 살았던 일본인 아사카와 다쿠미(淺川巧, 1891~1931)이다.

다쿠미는 조선총독부 임업연구소에서 근무하며 당시로는 획기적인 '잣나무와 오엽송의 노천매장법'이라는 양묘법을 개발했다. 그는 이를 활용해 조선의 산림녹화에 힘썼다. 이 덕분에 일본의 목재 수탈로 헐벗은 우리나라 산들은 푸르름을 되찾을 수 있었다는 평가를 받는다.

경기도 광릉의 수목원도 그의 기획으로 탄생했고, 국립산림과학원 정원의 유명한 1892년생 소나무(盤松)도 1922년 홍

파초등학교에 있던 것을 그가 옮겨 심은 것이다. 다쿠미는 조선 도자기에 매료된 친형 아사카와노리타카(淺川伯教, 1884~1964)와 함께 조선 문화예술 보존에 중요한 역할을 한 '조선민족미술관'(후에, 국립민족미술관)의 건립을 위해 자신들이 모은 각종 민예품 수천 점을 기증하기도 했다.

조선민족미술관 건립은 일본인 민예운동가이며 미술평론가인 야나기무네요시(柳宗悅)의 역할도 중요했다. 야나기는 조선총독부의 조선인 탄압에 대해 "반항하는 조선인보다 더 어리석은 것은 압박하는 일본인이다."고 비난했다. 그는 일제가 경복궁과 광화문을 철거하는 것을 마지막까지 반대했다.

다쿠미는 '조선의 소반', '조선도자명고'와 같은 조선 도자와 민예에 관한 책을 출간하는 등 조선 문화재 연구 성과를 담은 여러 권의 책을 남겼다. 다쿠미는 1931년 식목일행사를 준비하다 41세의 나이로 숨지면서 "조선식 장례로 조선 땅에 묻어 달라"고 유언했다. 이 공원에는 다쿠미 묘 외에 한반도에 포플러와 아카시아를 처음 심은 초대 산림과장 사이토오토사쿠(齊藤音作)의 사진과 표지판은 있으나 묘지는 발견 못했다.

다쿠미 묘지 옆 추모비에는 〈한국의 산과 민예를 사랑하고 한국인의 마음 속에 살다 간 일본인, 여기 한국의 흙이 되다〉라는 글이 적혀 있다. 묘역에는 그를 기리려는 한국인과 일본인 방문객의 발길이 끊이지 않는다. 지난해 그의 고향인 일본 야마나시(山梨)현 호쿠토(北杜)시의 지원으로 정비돼 방문객이 좀 더 편히 찾을 수 있는 공간으로 탈바꿈했다. 다쿠미를 연구하는 김석권 전 국립산림과학원 박사는 "수많은 임업 기술을 개발했고, 광릉수목원도 모두 다쿠미 작품인데 산림청에도, 학계에도 그를 연구하는 사람이 없다"며 "일본인이라 불편해하는 게 아닌가 하는 생각이 든다"며 안타까워했다. 올해는 다쿠미가 세상을 뜬지 91주년이 되는 해다. 그의 기일인 매년 4월 2일 노리다카·다쿠미 형제 현창회가 다쿠미 묘역에서 추모식을 개최한다.

두 형제의 고향인 야마나시 현 호쿠토시의 아사카와 형제 추모회도 추모사를 보내왔다. 노치환 현창회 사무총장은 추모식에서 형 노리타카가 1945년 일제의 패망으로 조선을 떠나게 되자 다쿠미의 묘 앞에서 언제 다시 올 수 있을지 기약할 수 없는 심경을 담아 읊은 시를 처음으로 공개했다. 시의 내용은 이렇다. "묘에 핀 들꽃 우리에게 바치고 고이 잠들게. 언젠가 찾아와 줄 사람이 있을 테니."

아사카와 형제가 태어난 고향은 일본의 후지(富士)산 뒤쪽 미나미알프스 산 부근에 야마나시(山梨)현 호쿠도(北杜, 옛이름은 淸里)시가 있다. 전에는 이 지역을 거마군(巨摩郡) 즉 고

려군(高麗郡)으로 불렸다. 이 일대는 고구려가 멸망하고 왕족들이 피신해온 도래 기마인들이 들어와 정착했다고 한다. 그의 고향 마을에는 2001년 아사카와노리다카, 다쿠미 형제자료관을 설립하고 한국과 일본의 우호친선을 위한 정보발신지가 되기를 희망한다는 기록이 있다. 여기에 재일교포이며 멧세나 운동가 하정웅씨는 아사카와 형제를 기리기 위해 한(韓)일(日) 양국의 돌로 만들어진 기념비를 자료관 옆에 기증했다.

일본 서기의 기록을 보면 약광(若光)은 고구려의 사절단으로 일본에 도착했다. 건국해서 700년간 아시아에서 강국이었던 고구려는 나당 연합군에 멸망하고 약광과 그 후에 망명해온 고구려 민족은 일본의 동경 근처 7개 지역(시즈오카, 야마나시, 가나가와, 치바, 이바라키, 도치기 등)에 분산해서 살게 되었다.

이런 연유로 아사카와다쿠미 형제는 그들의 뿌리가 고구려인이라고 생각했다. 그래서 고구려 민족의 피가 고향인 한국으로 오라고 부르고 있는 것 같다는 고백을 종종했다는 이야기도 있다.

태평양전쟁 후 이 지역에 미국인 감리교 선교사 폴랏슈가 이곳에 와서 병원 농장, 농업학교, 보육원을 건설하고 청년들에게 신앙심과 교육으로 일본재건의 거점이 되도록 공헌했다. 그는 전쟁으로 적국인 일본에 와서 전쟁 전후를 통해 거주하면서 인도주의를 몸소 실천한 영적 지도자의 흔적이 많이 녹아있는 곳으로도 유명하다. 그의 영향으로 아사카와 집안은 감리교 신자가 되었다. 오래전부터 이 지역은 고구려족이 들어와 살면서 명마의 산지로 알려졌다.

이 지역에서 태어난 아사카와노부다카(淺川伯教)와 아사카와다쿠미(淺川巧) 형제는 한국의 문화와 예술 산림녹화 부문에 지대한 공헌을 하게 된다. 형 노부다카는 한반도에 와서 조선도자기의 조사연구에 생애를 바쳤다. 조선도자기의 신이라는 칭호를 받기도 했다. 그는 조선이 좋아서 조선 사람을 사랑하고 조선의 산야와 민예의 연구조사에 일생을 바친 사람이다.

그의 동생 아사카와다쿠미는 조선임업시험장 기사로서 한반도의 산림녹화를 위해 큰 업적을 남긴 사람이다. 형 노부다카는 1913년 조선의 미술을 연구하기 위해 일본의 집과 논밭을 모두 매각하고 서울 남대문 공평소학교 교사로 근무했다. 그의 동생 다쿠미는 형을 그리워하다가 1914년 근무하던 아키다 임업시험장을 퇴직하고 조선 총독부의 직원이 되어 양묘실험과 조림의 업무를 담당하고 소나무의 양묘에도 성공했다. 형제는 조선민족미술관의 설립계획을 수립하고 조선의 도요지를 전수 조사해서 채집한 도자기 파편을 미술관에 기증했다. 그의 형 노부다카는 〈이조 도자기 요적일람표〉를 저술했다.

아사카와다쿠미를 애도하는 글이 인간의 가치라는 제목으로 1934~1947년까지 일본의 중학교 교과서에 실린 적도 있다. 경제적으로 넉넉지 못한 다쿠미는 조선인 동료 임업시험장 직원의 자녀에게 학자금을 지원했다. 한복바지 저고리를 입고 음식도 한국식을 먹었고 한국어도 유창했다. 술도 항상 막걸리만 마시고 그의 관사는 한국인 동료들의 사랑방 같았다.

바지저고리 한복을 입고 나막신을 신고 긴 담뱃대를 물고 밀대 모자를 쓰고 새끼줄로 짠 꼴망태를 등에 메고 시장에 가서 조선인의 골동품, 도자기를 사 모았다. 그런 괴상한 모습 때문에 일본 순사의 조사를 여러 차례 받은 적도 있다. 다쿠미 자신의 돈으로 부족하면 빚까지 얻어가면서 작품을 구입해서 조선민족미술관에 도자기와 공예품 3천 점과 도자기 파편 30 상자를 기증했다.

어느 날 그의 일기에는 "피곤에 지친 조선인이여, 남의 흉내를 내기보다 자신이 지니고 있는 소중한 것을 지키고 있으면 머지 않아 자신에 찬 날이 올 것이다. 이는 공예만이 아니다." 라고 기록했다. 그는 평상시에도 늘 이런 말을 했다고 그의 친구들은 전한다. "조선인과 일본인의 친선은 정치와 정략으로는 불가능하다. 그 보다는 조선과 일본의 서로 문화와 예술을 상호 교류함으로서 가능할 것이다"고 했다.

동생 다쿠미는 조선의 미술 공예 임업에 관한 많은 논문을 남겼다. 그가 저술한 〈조선의 밥상(膳)〉은 민족미술관에 보관되어있으며 대단히 중요한 가치가 있는 것으로 평가된다. 그는 1931년 4월 2일 식목일 기념식을 준비하다가 급성 폐렴으로 사망하고 그의 유언에 따라 망우리묘지에 안장되었다.

이외에도 조선인이 일본인의 죽음을 애석하게 생각했던 다른 사례도 있다. 즉 일본 최초의 선교사 노리마쓰마사야스(1863~1921)는 수원에 동신교회를 설립하고 조선인 선교를 위해 헌신했다. 그는 가나카와(神奈川) 현(縣)청 공무원으로 살아가던 중 망명 중인 박영효를 만나 한국 선교를 결심했다는 설도 있다(일본기독동신회 100년사).

목포에서 평생을 전쟁고아를 키웠던 다우치치쓰코(田內千鶴子)와 독립운동가 박열을 물심양면으로 후원했던 그의 아내 가네코후미코(金子文子)가 있다는 점을 우리는 기억했으면 좋겠다. 박열과 부인 가네코후미코는 일본에서 반일활동을 주도했다. 이때 재판을 받으면서 박열은 조선 관료의 예복인 사모관대를, 그의 부인 후미코는 치마저고리를 입고 있었다.

아마 이렇게까지 한국을 사랑하는 일본인 아사카와다쿠미는 그의 선조의 뿌리가 고구려인이고 고구려인의 피가 흐른다고 믿었기 때문이었을까? 고구려 민족의 피가 그들 형제를 선조의 고향 한국으로 오라고 부르고 있는 것 같다는 이야기를 종종 고백했다는 이야기도 있다. 피는 물보다 진하다는 말도 있지만 1,300년 전에 나누어진 피는 어떤 문화와 환경에서도 한 민족의 특징을 유지하며 면면히 흘러왔다는 증거일까?

아사카와 다쿠미(淺川巧)가 심은 광능 전나무 숲 - 유화

12

한평생 농업인의 생명과 안전을 지키는 삶을 산 농협 직원 미쿠루베마사미(三廻部眞己) 박사

한평생 농업인의 생명과 안전을 지키는 삶을 산 농협 직원 미쿠루베마사미(三廻部眞己) 박사

1984년 서울에서 농협중앙회 후원으로 농촌 의학회 총회가 있었다. 한국과 일본의 의학자들이 참석하는 모임에서 일본농협 가나가와(新奈川) 현(縣) 농협중앙회의 생활부장 미쿠루베마사미(三廻部眞己)를 처음 만났다. 그는 대뜸 초면인데도 서울 근교의 농협과 농촌 견학을 주선해 달라고 요청했다. 이때 만난 것이 인연이 되어 그 이듬해 동경사무소장으로 부임해서 그의 집에 초청도 받으면서 상호 교류가 시작되어, 동경 근무 5년 동안 많은 협력을 받았던 은인이다.

미쿠루베씨는 동경농업대학 졸업 후 가나가와 현 농협중앙회에서 영농지도부장, 생활부장을 역임했다. 그 후 농림성 농작업안전연구위원, 노동성노동재해방지기술지도원, 일본농업노동재해학회 초대 회장으로 활동했다.

그는 일본이 농민의 건강관리는 발전했으나 농작업사고에 관한 연구는 후진국이라면서 이는 일본인의 인도주의적 정신이 부족한 것이라고 비난했다. 1987년 미쿠루베씨와 필자는 공동집필한 다음과 같은 내용의 논문을 나가노현 사구병원에서 개최된 농촌의학회 총회에서 발표했다.

농작업의 기계화 진행으로 인체사고가 빈발하고 있다. 일본 농림성의 사고 통계에 의하면 1961년부터 1993년까지 33년간 13,090명이 농작업 사고로 사망했다. 1년 평균 397명이 사망한다는 점이다.

중요한 문제점을 요약하면 다음과 같다.

1) 다른 산업의 노동재해로 사망사고 비율이 급격하게 감소하고 있는데 이와 반대로 농민의 농작업 사고사망률이 증가경향이라는 점, 2) 1천 명 당 사고발생비율이 건설업의 8.5에 비해, 농작업은 13.5로 위기업종이 되고 있다는 점, 3) 사고요인이 취농자의 고령화나 농작업 현장의 불안전 상태 등 농업구조상의 문제가 일어나고 있다는 점.

위와 같은 현상임에도 농업구조개선은 불가능한 상태이고 금후 농작업 사고의 빈발이 사회문제가 되고 있다는 점이다. 농작업 안전은 농가 개인에 맡겨두어서는 개선이 불가능하다. 이는 농협이 조직적으로 지역농업안전관리활동을 발전시켜서 농작업사고사를 방지할 수 있다고 제언했다.

농촌의학회와 농협후생연합회 병원, 지역농협이 참여하여 농작업 사고 방지와 사고 보상을 실시하는 모델농협을 설정해서 지도하고 이를 토대로 전국농협조직의 활성화가 달성될 수 있다. 농협조직이 농민의 건강과 생명을 지키는 것은 휴머니즘의 발현이다. 농작업 사고를 방지하여 생명을 지키는 농협조직으로 탈바꿈해야 한다.

오스트리아 항공회사가 세계에서 가장 안전하다. 항공기 사고가 가장 적은 회사다. 개인 자격으로 호주 항공회사를 방문해서 어떻게 해서 항공기 사고가 적은지 조사했다. 결론은 다른 항공사와 달리 사고가 날 뻔한 위기의 경험을 신고하도록 되어 있다. 이런 경우 다른 항공사는 규칙 위반으로 처벌하므로 순간의 실수를 보고 하지 않으며 경험을 자산으로 보지 않는 것이다. 오스트리아 항공사의 안전대책을 일본의 농작업 사고 감소와 그 해결을 위한 매우 중요한 자료를 찾았다면서 미쿠루베의 격앙된 모습이 지금도 필자에게는 생생하다.

그는 일본농협중앙회에서 영농지도부장과 생활지도부장을 역임하면서 농작업사고의 해소문제를 40년간 꾸준히 연구해 온 일본 내 제1인자가 되었다. 농작업 사고 감소와 대책을 연구한 책도 10여 권 발간했다. 농작업 중 사고의 위험을 피하기 위해 "요주의, 주의해라"라는 추상적인 말로는 농작업 사고를 방지할 수 없다고 주장하며 행동으로 실천이 먼저라고 했다. 농협 조직은 농작업 사고방지를 영농지도의 중심에 두어야 한다고 주장했다.

2019년 5월 10일 사망했다는 연락을 받았으나 장례식에는 참석을 못했다. 그 후 1년 후 일본농업신문의 김철수 기자와 함께 그의 집 부근의 절에 가서 조문을 하고 그의 집을 방문했다. 그의 생전의 서재와 생활도구 서적 한국농협중앙회의 공로패 등이 마치 살아있을 때처럼 그대로 보존되어 있는 것을 보니 그와의 생전의 우정이 생각나서 잠시 울적해졌다. 그는 마지막 유언을 하면서 "훗날 한국의 현 씨가 올 것이다. 그때 이것을 현 씨에게 전달해라"고 말했다면서 농작업 안전 관련 서적과 각종 자료, 그리고 최신형 고급카메라를 나에게 주었다.

농작업노동재해의 원인이 농민의 책임이 아니라 농기계제조회사의 제조물 결함이라는 논조로 늘 정부에 항의하자 농림성은 한 때 미쿠루베 씨에게 공산주의자라는 낙인을 찍기도 했다. 논둑 밭둑이 울퉁불퉁한 것은 당연한 것이고 이는 농민의 책임이 아니고 국가의 책임이다. 이를 미리 상정하고 농기계를 제작해야 한다고 주장했다.

그는 그치지 않고 농업인의 생명을 지키는 것이 농협조직의 사명이고, 연구의 목적이라고 주장하면서 한평생을 농업인의 생명을 지키는 인도주의자로 살았다.

미쿠루베마사미(三廻部眞己), 농작업사고예방 교육

13

시라가와(白川) 마을을 지키는 가키자키교이치(柿崎京一) 교수의 직업관

- 1kg의 CO_2 삭감조건으로 숙박요금 20% 할인

시라가와(白川) 마을을 지키는 가키자키교이치(柿崎京一) 교수의 직업관

– 1kg의 CO_2 삭감조건으로 숙박요금 20% 할인

일본이 모든 면에서 근대화를 지향하고 있을 때 그 흐름에 합류하지 못한 지역이 여럿 있었다. 여기 시라가와 촌(村)은 교통편이 나쁘고 생활환경이 불편하여 근대화의 흐름에 편승하지 못한 대표적인 지역의 하나다. 시라카와 촌은 나고야(名古屋)에서 버스로 2시간 걸리는 기후(岐阜) 현 오노 군에 위치하고 특별한 자원이 없는 산간지에 560가구, 1,900명의 주민이 살고 있다.

이 지역은 1995년 유네스코의 세계문화유산으로 지정되어 지금은 매년 200만 명의 관광객이 찾아온다. 갓쇼의 고향(合掌의 里, 초가집 모양이 손바닥을 합장한 모양과 같다는 데서 연유한 오래된 명칭. 이러한 건축물의 고향이라는 뜻) 시라가와 촌의 농업은 산채(山菜)류, 시금치, 양배추 정도이고 전업농가는 2가구 정도로 농촌이지만 농업은 별로 없다. 여관, 민박, 식당, 기념품 상점 등 3차 산업이 70%에 이른다. 이처럼 관광산업이 발달한 것은 도시의 사람들이 다른 지역에서 느끼지 못한 매력을 이 지역에서 느낄 수 있기 때문이다.

시라카와 촌은 기후 현의 북단에 위치하면서 해발 1,300~2,700m의 험한 산들이 사방을 병풍 치듯이 가로막고 있는 산간마을로서 임야가 96%에 이르고 농경지는 0.4%밖에 안 되는 가난한 산촌 계곡마을이다. 초겨울인 11월부터 눈이 오면서 1~2월경에는 적설량이 과거 10년간 평균 2m, 많을 경우에는 4m까지 쌓이면서 1년 중 약 4개월은 눈으로 덮여 있다.

이처럼 시라가와는 산세가 험한 오지일 뿐 아니라 눈과 비가 많이 와 인간이 생활하기에는 자연조건이 매우 나쁜 곳이다. 악조건 속에서 살아남기 위해 피나는 노력을 해 온 것이 시라가와의 역사이다.

시라가와를 이처럼 전국적으로 유명하게 만든 것은 독특한 4~5층 구조의 갈대로 지붕을 이은 갓쇼집(合掌家, 갈대지붕의 집)이다. 가족 30~40명이 함께 살 수 있을 만큼 규모가 크면서도 못을 전혀 쓰지 않고 지은 것이 특징이다. 건물의 크기는 다소 차이가 있으나 길이가 22m, 폭이 13m, 그리고 높이가 14.5m, 건축면적이 338㎡나 되는 5층 구조의 대규모 복수건물이다.

이 지역 사람들은 양잠을 중요한 산업으로 유지하기 위해 독특한 주택구조와 대가족제도를 유지하면서 갓쇼집을 보전해 왔다. 그러나 1960년 일본경제의 고도성장과 생활에 불편을 느낀 일부 주민들이 갓쇼집을 도시인들에게 매각하게 되었고 매각된 건물은 동경 등 대도시로 옮겨져 음식점으로 사용되고 일부는 미국으로 이축되기도 했다.

1971년 시라가와의 야마모토(山本)라는 지방의회 의원이 선조로부터 물려받은 소중한 유산인 갓쇼집을 보전해야 한다고 주장하고 지역주민 20명과 함께 자연환경보존회를 결성했다. 이때부터 갓쇼집의 보존과 생활문화의 중요성을 재평가하게 되었다. 주민들의 이러한 움직임을 본 일본정부는 1976년 중요전통건축물 보존지구로 지정했다.

이러한 건물의 형태와 대가족제도는 그 당시의 중요산업인 양잠업과 밀접한 관련이 있다. 양잠을 하기 위해서는 넓은 공간과 집중적인 노동력이 필요했고, 그 노동력을 확보하기 위해 독특한 요바이(夜這, 남자가 몰래 여인의 침소에 들어가 정을 통하고 구혼하는 풍습) 혼이라는 결혼제도가 있었다.

모든 가족은 공동으로 식사와 농작업을 했다. 이처럼 전통문화를 보존하고 있는 건물이지만 1951년에는 275동 있었는데 지금은 100동이 이축되고, 175동 정도가 남아있다. 갓쇼집은 나무와 갈대지붕으로 만든 집이라서 보존이 어렵고 40~50년에 한번 지붕을 다시 개축해야 한다. 1995년 세계문화유산으로 지정된 이후는 개축비용의 90%를 국가와 지자체가 부담했다. 시라가와는 전통건축물을 보존하는 것만이 아니고 전통식품과 공예품을 만들어 선물로 판매하고 전통음악과 춤과 민요를 대단히 중요시하면서 이를 관광 상품화했다.

점심시간에 들어간 식당에서는 주인이 화로 불 옆에 앉아서 석기시대의 사람처럼 돌로 만든 도구로 호두를 깨고 있는 모습을 관광객에게 연출하는 것이 인상에 남았다. 여기서는 관광객이 메밀국수 만들기와 찰떡 만들기를 체험하고 전통차를 마시고 함께 춤을 추는 것도 가능하다.

갓쇼집의 지붕 잇기 작업도 관광 상품화했다. 동경 등에서 200~300명의 청년들이 참가해서 1일 2만 엔(약 20만원)을 지불하고 지붕 잇기 작업을 하는 모습은 일대장관이다. 5월 모내기철에는 갓쇼집 주변에 드문드문 있는 논에 모내기 작업이 한창이다. 전통 복장과 갓을 쓰고 손모내기 하는 모습과 갓쇼집의 아름다움이 함께 어울러져 관광객의 인기를 끌고 있다. 경관과 문화를 관광자원화했다고 볼 수 있다.

시라가와의 관광자원인 갓쇼집을 화재로부터 보호하기 위해 20년 전 3억 엔을 투자해 소방시설을 설치했다. 매년 겨울이 되기 전에 소방점검을 하기 위해 전 주민이 모여서 20분간 소방훈련을 하는데 이 때의 사진을 찍기 위해 1,000명 정도의 사진작가들이 전국에서 모여든다. 소방 훈련이 관광상품화가 되었다.

12월에서 1월 중순경 눈이 쌓이는 계절이 되면 갓쇼집과 마을 주변을 일제히 조명등을 밝혀서 야경을 아름답게 만드는 이벤트를 개최한다. 이 모습을 보기 위해 일몰시간에 맞추어 관광객들이 많이 모여든다. 10월 중순에는 도부로쿠(막걸리)를 만들어 관광객과 지역주민이 함께 어울러져 전통춤과 예능을 즐긴다.

시라가와 촌에서 2005년 8월에는 세계문화유산 지정 10주년을 기념해서 〈살아있는 유산을 미래에〉라는 주제로 국제포럼에 개최되었다. 시라가와 촌은 세계문화유산이면서 사람들이 실제로 생활하는 장소라는 점과 이것을 다음 세대에 계속되도록 하는 것이 중요하다는 점에서 이 같은 주제를 설정했다. 해외로부터는 시라가와처럼 생활의 장소가 세계유산이 되어 있는 프랑스의 생떼밀리옹, 이탈리아의 알베로벨로, 아프가니스탄의 바미안, 필리핀의 코르디레라스 등에서 행정전문가들이 참석하고 일본에서는 시라가와 현의 관계자와 문화청 등 보존에 관한 전문가들이 참석해서 50년 후 미래세대에 어떻게 문화유산을 전승토록 할 것인가가 중점적으로 논의되었다. 시라가와 촌은 경북 안동 하회마을과도 자매결연을 맺고 있다.

필자는 시라가와 촌의 오오다니(大谷)씨 부부가 경영하는 〈고에몬〉이라는 민박집에서 1996년 가키자키 교수의 소개로 숙박한 적이 있다. 12년이 지난 2008년 5월 대산농촌문화재단의 연수생들과 함께 해질녘에 잠시 방문했다. 사전에 연락도 없이 갑자기 방문한 필자를 기억하면서 반갑게 맞이해 주었다.

2007년까지 약 10만 명이 숙박하고 돌아갔다. 이들과는 연하장이나 편지를 자주 교환하여 친척처럼 되는 경우가 많다. 그 중에는 30년 이상 교류하는 사람도 있고 제2의 고향으로 생각하고 1년에 수차례 방문하는 경우도 있다.

자동차 대기업인 도요타 회사는 시라가와 주민들의 요청으로 이 마을의 언덕에 〈도요타 시라가와 자연학교〉를 설립해서 운영한다. 자연학교 숙박객에게 1일 1kg의 CO_2 삭감조건으로 숙박요금 20%를 할인해 준다. 도요타(豊田) 자연학교를 운영하는 '시라가와 자연공생포럼(NPO)'은 시라가와 촌(村), 환경NGO, 도요타자동차가 함께 참여해서 지구환경문제를 충실하게 추진하고 있다. 대기업이 지역사회와 공동으로 설립한 일본에서도 보기 드문 형태의 조직이다. 〈자연과의 공생〉 〈지역과의 공생〉을 캐치프레이스로 운영하고 많은 사람들이 자연의 중요성을 인식하도록 교육과 홍보를 하고 있다.

중요한 사업은 청소년의 자연환경 교육과 지도자 양성, 환경교육의 보급과 개발, 지역 활성화에 관한 협력, 환경교육에 관한 서적 및 교재의 제작 판매, 환경교육에 관한 조사 연구 정책제안, 컨설팅, 식수활동 등 환경의 재생과 보전, 국내외의 환경단체와의 교류 등을 사업으로 한다.

숙박객은 1박 2식 요금을 지불하고 인터프리터(interpreter, 자연의 메시지를 인간에게 통역한다는 뜻으로 해설사를 말함)에 의한 주변 자연과 숲 해설 등 자연학교의 강의와 안내를 즐길 수 있다. 숙박객은 1일 1㎏의 CO_2를 삭감하는 캠페인에 참여한다고 선언하면 숙박요금 20%를 할인해 준다. 지역과의 공생을 실현하기 위해 숙박객의 아침식사는 마을에 내려가 민박집이나 식당 등에서 일본의 전통요리를 먹도록 한다.

세미나 하우스는 친환경모델을 지향하고 있다. 나무 재질의 바이오매스를 이용하여 난방을 하고, 눈을 저장해서 여름에 냉방을 한다. 풍력과 태양광 발전, 고기밀(高氣密), 고단열(高斷熱) 등 다양한 환경기술의 전시실이 되고 있다.

규모는 다르지만 다양한 형태의 자연학교가 일본 전국에 약 2,000개가 활동 중이다. 그 만큼 지속가능한 사회를 만들기 위한 자연보존과 지구환경교육이 중요한 시점이라는 뜻이다.

30년간 지도자 양성 – 고운숙(耕雲塾) 운영

시라가와 촌의 오늘이 있기까지 많은 지역주민과 지도자들의 노력이 있었지만, 오오다니 씨 같은 지역주민 스스로가 전통문화와 건축물의 가치를 인정하고 보존하기 위해 노력한 점은 이례적이다. 1970년대 지역주민과 행정기관이 근대화의 도도한 흐름과 역행해 가면서 전통문화와 유산을 보존한 점도 세계문화유산으로 등록되는 데 큰 역할을 했다고 생각한다.

한편 가키자키 교수는 30년간 이 마을의 지도자 양성을 위한 고운숙(耕雲塾)을 운영하면서 지역 청년들 20여 명을 지역활성화의 리더로 육성해 왔다. 와세다 대학 퇴직 후는 5년간 이 지역의 교육장으로 활약하면서 인재양성에 힘을 쏟은 점을 지역주민들은 높이 평가한다. 가키자키 교수는 멀리 북동부에 있는 야마가다(山形)현에도 농촌청년들을 양성하는 고운숙을 운영한다. 야마가다 고운숙에는 지역청년농민 30명을 부정기적으로 강의를 하는 곳이다. 여기에 필자도 강사로 초청받아 청년들과 하룻밤 지낸 적도 있다.

지구환경 문제가 중요한 과제로 대두되는 최근에 세계적인 자동차기업인 도요타자동차회사는 자연과의 공생, 지역사회와의 공생을 캐치프레이스로 자연학교를 설립, 청소년들의 자연환경교육과 SDGs 실천을 위한 교육에 노력하고 있는 점이 매우 인상적이었다.

시라가와 마을이 시대변화와 함께 변화와 혁신도 하지만 지킬 것은 지키면서 발전 유지하는 것은 지역주민들과 함께 이웃집 아저씨처럼 생활하고 지내면서 생활 속에서 지도해온 가키자키 교수의 독특한 직업관의 결과라고 그들은 이구동성으로 말한다.

가키자키교이치(柿崎京一) 교수가 지도하는 시라가와 마을의 소방훈련 모습

日本の
知人たちの

職業観

玄義松

세창문화사

日本の知人たちの 職業觀

初版第1刷 印刷 2022年11月 4日
初版第1刷 発行 2022年11月11日

著 者 玄 義 松(hyun eui song)
發行者 金 忠 洙
發行社 世昌文化社
出版登録, 第374-2014-000045號
住所, 大韓民國京畿道水原市長安区天川路233(5階)
電話 ☎1544-1466
ファックス ☎031)269-6366
ホームページ www.scprint.co.kr
価 格 1,500円
ISBN 979-11-91820-39-3 (03300)

序文

私たちは皆、韓国人、日本人でありながら、共に地球村の市民だ。国連は今の世代を地球村を救う最後の世代と規定した。今日のような環境破壊、紛争、貧困、不平等などで複雑な地球危機を私たち皆が共に解決しなければ、世界中の存続が不可能だということだ。これを解決する重要な役割を協同組合が乗り出してやり遂げなければならないということだ。

他人に対する配慮と地域社会に対する奉仕と貢献を中心とする協同組合は、地球村の立場で最適な組織だ。自然の恩恵を受けて農産物を生産する農民に気候変動は生業と直結し、国民の生活と健康を守る農業人組合員はSDGsを先導しなければならない義務がある。

SDGs2030アジェンダは、17の目標の下、169の細部目標と244の指標で構成されている。これはすべての国が参加して推進しなければならない行動計画だ。現状では地球村が存続できないという危機感から、未来にも続けられる持続可能な地球村を目指す。

SDGsの目標は、地球環境を守り、人類が尊厳を持って暮らせる社会を築き、人類皆に豊かで持続可能な生活と経済を実現できるようにする。2016年当時、潘基文国連事務総長は「協同組合は平等と民主的参加原則を守り、組合員の誰も例外としないというSDGs原則をすでに実現している」と評価した。国連は農業と環境などに課した国際的課題とSDGsを2030年までに協同組合組織と共に達成するという目標を立てた。

新型コロナウイルス感染症による世界的なパンデミックが長い間続いた。フランシスコ法王は、新型コロナウイルス感染症による混乱で、市場経済の限界点と矛盾が明らかになったと述べた。すべての国の国民が景気低迷で日常生活に困っている。地球村全体の身土不二生活化とSDGs達成のための協同組合の活発な活動により、地球村のこのようなすべての課題を解決しなければならない。

韓国と日本の両国国民の身土不二運動と地産地消運動の実践と協同組合運動でSDGs目標達成を願う。

筆者は約30年間、韓国と日本を往来し、多くの方々の協力を得て交流してきた知人たちの話を韓日両国語で合本して出版しました。韓国と日本両国が善隣友好関係を深め、さらに発展することを願っています。

- 参考:同じ内容の韓国語版の本を後ろの部分に添付しました。

目次

1

静かな温泉街を芸術文化観光地にした中谷健太郎さんの職業観

静かな温泉街を芸術文化観光地にした中谷健太郎さんの職業観

由布院という静かな農村温泉村をこれまで数十回訪問したが、外見だけ見て通り過ぎる場合が多かった。ある日、隣接の大山農協組合長矢羽田とともに亀の井ホテルのオーナー中谷健太郎さんと挨拶を交わし、交流が始まり、由布院の発展の背景を理解するようになった。

ナカヤなど指導者3人は1971年以来、ドイツ、ハンガリー、イタリアなど欧州の温泉地域を十数回視察研修し、由布院の未来発展案を企画作成した。これを土台に芸術文化と農村景観と保養温泉を核心テーマに設定し、持続的に地域住民と行政の合意を成し遂げてきた結果、今日の由布院が誕生した。

由布院は山越しの別府とは差別化して歓楽地のようなイメージではなく、むしろ純粋な「健康と癒しの温泉地」というイメージが独特だ。観光に関する社会経済的な動向と一般人の認識の変化をあらかじめ予測し、地域住民が主体となって社会変化に合う方向に農村景観と芸術文化観光空間に発展させてきた。

彼らは温泉に対する健康志向性が今後強く現れるとあらかじめ予測した。由布院はこのような時代の流れをあらかじめケッチし、非常に適した観光空間に発展させてきた。

また、由布院の温泉資源、自然景観と共に最も重要な要素の一つは、地域内に散在している美術館やギャラリーなど芸術文化観光施設があるという点だ。単なる温泉観光地として止まらず、現在、日本でも有数の「芸術の町」として広く知られている。

地域活性化の指導者になった代々の邑長も、「隣接別府を見てベンチマーキングすれば、永遠に別府の後を追うだけだ。豊かな大自然と広範囲な生活空間を持つ由布院を小さな別府にしては未来がない。由布院は別府にはない健康を重視するヒーリングの温泉地を目指さなければならない。」と主張した。このような住民の意思を1959年厚生省に申し入れ、「国民保養温泉地指定」を受けた。

1966年には日本観光100選に指定され、急増する観光客需要に対応するために旅館経営者たちが「行動しながら勉強する20日会」を組織した。その時から各旅館の名物料理を共同開発するなど伝統旅館作りが始まった。

一方、1億人全日本人旅行時代という時代の流れに乗って、由布院には観光客が急増した。住民を中心に「明日の由布院を考える会」を自発的に作り、由布院の牧歌的風景を乱開発から守るために「牛一頭牧場主運動」が始まった。

芸術文化観光地

まず1975年「由布院音楽祭」「牛肉を食べて大声で叫ぶ」「由布院映画祭」が開催され、人力車が走る由布院という村が全国にその名前が広く知られるようになった。「由布院音楽祭」は室内楽を中心とした土俗的な音楽祭として着実に発展してきた。由布院には音楽ホールなどの施設はなく、公民館、ゴルフ場のクラブハウス、湖畔のレストラン、ホテルのロビー、美術館など多様な会場を演奏者や観客が巡回しながら開催するのがむしろ音楽祭の魅力となっている。

由布院映画祭は「映画館のない町、しかしここに映画がある」とのケッチプレースで始まった。今はこの映画祭が日本映画祭の代表格だという評価も受けている。さらに「こども映画祭」「ゆふいん文化記録映画祭」など地域密着型活動も行っている。

1980年代に入り「九州由布院民芸村」「空想の森美術館」「由布院美術館」など美術作品の展示を主体とした本格的な芸術文化観光施設がオープンし、芸術と農村景観とともに調和する名実共に「芸術の村」が誕生することになる。現在は柳生新氏が設計した由布院駅アートホールが美術の中核施設となり、芸術文化運動が受け継がれている。

芸術の日常化

1985年頃、このような音楽祭、映画祭、人力車乗り運動、牛肉食べて大声を出す大会など10年以上が過ぎ、その他にもここに昔の歴史を誇る「由布院神楽」(夜の仮面劇) も加わり、由布院の「文化芸能活動」が日本文化の深淵を現し、全国的に有名になった。観光客数も年間400万人が訪れる観光地となった。

村全域でそれぞれ別々に展開する文化芸能の拠点を結ぶことで、由布院という「地域」を単位とした総合的な活動が可能になり、それぞれが連帯しながら「芸術の日常化」が達成されたという評価を受けている。

これまで美術館やギャラリーなど施設内で行ってきた美術展が、地域という範囲で自由に展開され、住民の日常生活の中に芸術が入ってくるようになったのである。これこそ由布院の芸術文化観光空間の「結節点」という考え方だ。

1989年には「列車美術館」という「由布院林道」列車が走り出した。この列車には「由布院の森芸術ギャラリー」という特設コナがあり、JR九州と由布院駅が選抜した作品を展示しながら運行する。駅に到着すると、この駅の設計者であり、世界的に著名な大分市出身で、地域でも認められる建築家の柳生新の模型などが展示されており、由布院駅の待合室がアートホールに変身した。その後、由布院邑と関係のある作家たちの企画展が毎月開催されている。これで単純な観光列車の駅が新しい形態の文化拠点として注目を集めるようになった。

由布院駅は周辺の景観に配慮するなど、美術館、音楽会、映画、演劇などに活用できるアートホール空間として創出された。駅全体が芸術行事機能を持っているという点が特徴だ。この施設の運営は邑民と由布市と村内にある美術愛好グループによって管理され、「芸術の村由布院」というイメージが定着することになった。

他にも美術館、博物館など有料入場施設10ヶ所、共栄的展示空間3ヶ所、画廊など芸術空間20ヶ所以上が運営されるなど由布院芸術は絶えず変身している。芸術の連帯が「地域」という行政と企業と民間という単位で試みられている点が高く評価されている。 その後、全国各地で同じ方法の美術展が持続的に開かれることを見れば、由布院は現代の「地域美術の発展」に大きな影響を及ぼしたと見ることができる。

屋根のない博物館

由布院の各種観光施設、歴史的建築物、歴史的伝統通りの姿、田園風景、山の風景などが「屋根のない博物館」という観点で見ることになった。これが住民共有の貴重な財産という認識が定着すれば、今後の地域文化や地域の独創性は無限の可能性を持って変遷できるものと予測される。

由布院村での「音楽祭」、「映画祭」、「美術展示会」などで出発した文化活動は村に活気をもたらし、新しい形の地域社会と地域文化を発展させたと見ることができる。

つまり芸術という要素を「美術館、画廊」などの施設から解放して「町·地域·環境」という枠組み全体に展開すべきという新たな概念が誕生するきっかけとなった。その結果、現代芸術と由布院の村地域環境が調和を成す日本特有の観光空間が誕生した。つまり単なる温泉だけではなく「癒し」の効用など日本人の新たな観光志向性や欲求に適した観光空間となっているとの評価もある。

農村自然環境保護条例

由布院が観光地として知られると、由布院盆地を絶界したような西側に大型ゴルフ場建設、北側には別荘住宅地建設、東側にはサファリ自然動物公園建設、盆地内に大型マンション建設、広告塔建設などが続いた。これを見て中谷健太郎ら指導者たちは「由布院自然を守る会」を結成し、住民全員の意見を集め反対運動で乱開発を防いだ。自然を守る会を拡大改編して「未来の由布院を考える会」に名称を変更、牧草地と農耕地を乱開発から守り、再び農業生産現場に再誕生させるために1972年から「牛一頭牧場主運動」を始めた。

さらに、行政でも同年、由布院邑自然環境保護条例を制定し、邑全域をきめ細かな審査システムを作った。自然環境区域に指定した。また、法規制を超えたより細かい規制のため、邑長の諮問機関として「由布院邑環境デザイン会議」を発足させ、開発要件に対する専門家の意見を行政に反映させることができるようにした。

最近は中谷先生とよく文通をしているが、こんな話もある。彼が高校3年生の時、サランチェの建物が韓国人従業員のミスで全焼した。韓国人従業員は自己責任を認め、3年間月給を受け取らずに仕事を続けた。彼の犠牲のおかげで中谷は東京の大学に進学できたという。また、浅川巧の韓国愛の話を聞き、祖父が東海側の怒涛半島に住んでいたが、別府開発の先駆者である油谷熊八とともに由布院に移住し、自分の家族は皆 青い蒙古斑点が鮮明になっているとし、彼の先祖も高句麗族の子孫だろうと話しながら楽しく笑う。彼はいつも韓国のカンジャンケジャンが最高の味だと絶賛する。

東京で映画監督として大活躍していた中谷は、父の死で家業を継ぐべきだという母親に呼ばれて帰郷し、旅館業を受け継いで故郷を発展させるために一生献身する彼の職業観と天職意識は、私たちにも手本になる。

左側は中谷健太郎様，三つ目は韓灝鮮韓國農協中央會 会長，
五番目は羅勳會長.

2

光州一高野球チームを後援する北村俊作会長の企業精神

光州一高野球チームを後援する北村俊作会長の企業精神

2018年1月、光州一高野球チームが学校開校後初めて海外転地訓練に乗り出した。3年前から話はあったが実行できなかったが、光州一高野球チーム選手団一行48人はついに海を渡って日本の福岡港に到着した。彼らの転地訓練を受け入れたのは九州地域で製パン業を主業とするリョウパングループだ。同社が所有する野球場と宿泊施設を1ヵ月間、類例のない良い条件で提供された。翌年、光州一高野球チームは歴史上初めて韓国で青龍旗優勝旗を受賞した。光州の市民たちは皆が日本での1ヵ月間の転地トレーニングの効果だと信じている。

こうなるまでは韓国と日本の間で光州野球協会の羅動会長と大山農協の矢羽田組合長の30年間の信頼と友情の交流が土台があったために可能だった。そこにお互いが自分の故郷を考える愛郷心が共通して持っている点も重要だったと思う。筆者はこの二人の間に小さな端緒を提供しただけだ。しかし、難関に直面する時は、いつも直接乗り出して国際電話をしたり、直接日本に渡って説得作業もした。

大山農協は農民組合員が600人で農協職員が300人の小規模農協だが、日本国内では最も立派な農協と評価されている。よく言われる一村一品運動と第6次産業の発祥地としても有名だ。 農協が中心になって地域経済を活性化し、雇用を創出する役割をする。羅勳会長の光州一高野球チームの転地訓練協力要請を受けた矢羽田組合長が長い間交流してきたリョウパン会社の北村会長に頼んで行われた。矢羽田と北村会長は1次産業すなわち農業を守らなければならないという共通認識をしており、長い間の業務的協力関係の同志だ。 矢羽田氏と北村会長は深い愛郷心と仕事の推進力が格別だという共通点がある。30年以上意気投合し、地域社会と農家を支援している。

りょうゆうパン会社は従業員4000人、売上高400億円の九州地域製パン分野の1位の会社だ。会長個人が東京大学で野球部として活動した経歴のあるスポーツマンだ。彼はナベシマ藩の武士の家庭に生まれた。漁業と海運業を経営する家庭で徹底した食卓教育を受けた。「仕事は厳しく、他人には親切に」を家訓として受け継いだ。

製パン会社の経営方針も,1) 住民の健康を守る、2) 地域経済と共生する、3) 1次産業を守るという点を決めた。そのため、パンの全ての原料を可能な範囲で地域内で生産されたイチゴ、焼酎、麦粉などの農産物を使用することを原則とする。つまり、身土不二の実践である。

筆者は農協中央会退職後、美術を勉強している。 農家の息子として生まれ、両親と村の故郷の支えを受けながら一生農業を考えながら生きてきた。退任後の生活もこれまでの延長線で行われてこそ、二毛作人生も意味があると思う。美しい考えと生活をしてこそ、良い美術作品も生まれると信じている。それで身土不二の美術作品を絶えず考えているところだ。

2018年1月26日、光州一高野球チームを激励し、北村会長と矢羽田組合長にこれまでの感謝の気持ちを伝えるために福岡に行った。北村会長に約80年前の話をつけて松の油絵作品を寄贈した。" 80年前、日本人の兵頭一雄様가 植えた松は今、全羅南道霊岩の中学校の校庭に植えられている。兵頭さんの孫は日本の有名な俳優で、毎年松の安否をうかがうために霊岩を訪れる。このような縁は、韓国と日本の絡み合った糸も簡単に解ける糸口になると思う。そのような点で、この松を友松と名付け、油絵作品に仕上げた」と説明し、美術品を寄贈した。

北村会長はこのように答えた。「百済文化もよく知っている。自分の故郷の唐津市には全羅南道地域のカササギが壬辰倭乱の時、佐賀地域に移動して佐賀県保護組に選定された縁もある。カササギはいい知らせを伝える吉兆と聞いている。光州一高野球チームとリョウパン会社の野球チームが相互交流と友情の試合をすることも韓日間の重い糸の中でも些細な糸口でも解く鍵になると考えられる。北村会長は「韓国の若者の就職が難しいと聞いている。もし光州一高卒業生の中で働き口が必要ならば日本人と同じ条件で入社させる」という提案もした。

彼は母親から左脳を受け継いで論理的思考を持つようになり、父親の右脳を受け継いで創造性を備えたという考えで両親と故郷の豊かな自然環境に常に感謝する気持ちを持って会社を経営すると話した。

光州一高野球チームとリョウパン会社の職員野球チームの親善試合を観戦する会長室で、自分の自叙伝〈私は革新家だ〉の本に「人類は皆兄弟だ」とサインしてくれた。

自叙伝の末尾にこのように記録した。" 死を悲しむな。名誉を大切にしなさい。 地位や権力には欲がないが、リョウパングループのトップとしてこれまで企業体質の強化と経営刷新に邁進し、全社員の幸福と社会貢献のために努力してきた。今後もMore For The Societyという精神で努力する」。

地域活性化の核心は、縁と自然と静かさという話もある。 この3つの条件は福岡を抱く九州地域と全羅南道地域が一致する。文化的にも人々の気質も食べ物文化もほとんど似ている。良縁も可能だ. 良い縁は互いに共感しながら出発する。それで長持ちする。

光州一高とリョウパングループ、そして大山農協と相互交流する縁が韓日両国間に広がることを願う気持ちだ。故郷を懐かしむ共通点で結ばれた縁が広がり、北東アジアの平和の時代が開かれることを願う。

日本人 兵頭さんが植えた霊岩中学校の運動場にある松の絵

3

都市農業の発展に一生を捧げた加藤源蔵練馬農協組合長の韓国愛

都市農業の発展に一生を捧げた加藤源蔵練馬農協組合長の韓国愛

加藤組合長が住む東京都練馬地域から北に1時間行くと高麗神社がある。高麗神社周辺を流れる川の下流は東京近隣の相模湾に流れる。相模湾周辺の漁村の名前は大磯という。大磯は高句麗人たちが海岸に上陸すると、互いにようこそと歓迎したという意味を持つ地名だと聞いた。川の上流側に遡れば、秦野市に至る前に峰のような野山を高麗山と呼ぶ。上流をさらに遡れば、埼玉県日高市に至り、高麗神社がある。このような地理的上項から見ても加藤源蔵組合長と秦野農協の松下組合長は彼らの先祖が高麗族だと考えていたようだ。

加藤組合長は1963年に組合長になるやいなや韓日間に国交が結ばれる前にソウル市農業協同組合と姉妹提携を結んだ。そして役職員と組合員の相互訪問交流を始めた。以後、珍島郡農協組合長のキム·ヨンギ氏は韓日国交以前に日本に渡り、加藤組合長の斡旋で日本農林省職員の案内を受け農村現場の農業構造改善事業成功地域と農家所得を上げるための淡水魚養殖をする農村現場を視察した。 金氏は当時、韓国が生んだ世界的な育種学者の禹長春（ウ·ジャンチュン）博士が初代研究農場長を務める京都にあるタキイ種苗会社の本社を訪れ、タキイ種苗会社の菜種圃を珍島郡に誘致し、珍島で生産した白菜 大根の種子を日本に輸出した。

筆者は1985年、日本事務所長の人事命令を受けて東京に到着した。日本語も下手で人脈もないのに荒野に投げられた「一匹狼」のような身の上だった。その当時は農協中央会が内部の体質改善運動と国際的にはウルグアイラウンドという農産物輸入開放などが議論されており、農産物の市場開放化を控えて混乱している時だ。中央会の各部署の資料要求も多く、研修目的の訪問団も多い時だ。

日本の農協中央会など日本農民団体に人脈もない時、東奔西走しながら慌ただしい時だ。韓国の研修団が入国するために韓国大使館の認証も受けなければならず、研修団の訪問先斡旋、資料収集、主要人物紹介など、頼みに歩き回ることが殺到した。その度に加藤組合長は厭わず自分が直接乗り出して私に同行し、全中　全農　農林中央金庫などを訪問したり電話で頼んでくれた。

韓国農協中央会の役員や会長団が日本を直接訪問したり、中国や欧州など他国に行くために東京に立ち寄る時も成田空港に行って連れてくる時がよくあった。その時は加藤組合長は自分の乗用車を私に渡して成田から連れてくるよう指示し、自分は地下鉄に乗って帰宅する場合もあった。

全農や農林中央金庫の高位層と農協中央会の役員と食事会を作らなければならない時も、筆者が直接訪ねて要求すれば断る時もあった。その度に加藤組合長が出て食事の席を作り、韓国農協中央会に協力するよう要請する場合もあった。 ある日、大きなカバン一つを持って練馬農協を訪問した。私を迎えてくれた加藤組合長は、私の身なりや靴とカバンがみすぼらしいように見えたのか、新宿区の繁華街に一緒に行く道で高級カバンと靴を買ってくれたりもした。

日本事務所の前任者が2代目使用した住宅兼事務所を移すことにした。建物主が韓國人前任者の生活上の悪口をよく言うのが気に入らないからだ。新宿の方に適当な宿を求め、事務所は別棟である。契約書を書く段階で、賃貸主は金持ち日本人の保証と印鑑証明書を要求した。この時、加藤組合長は喜んで自分の個人印鑑証明と印鑑を捺印してくれて事務所と住宅の移転が可能だったこともある。今もその時の困難を解決してくれた加藤組合長のありがたさが忘れられない。

1986年にカド会長に韓国と日本の親善友好交流を増進する功労を認め、韓国政府の椿章勲章が授与された。その勲章授与と感謝行事を新宿区京王プラザホテルで日本の政治·経済界·農協関係者など1千人を招待して勲章伝達式が開催された。

その日参加した主要人物を見ると、田中角栄首相、三木信夫首相、亀岡隆夫農林大臣3人、すすき淳一歴代東京都知事3人など、日本政治と農政を結ぶ日本政治の歴史を物語っていると表現した。

加藤会長の家がある練馬区は東京の北側で、埼玉県高麗神社のあるところと至近距離だ。ソウル農協研修団が練馬農協を訪問すれば、儀礼的に高麗神社を一緒に訪問し、韓国から持ってきた酒と食べ物を奉納するようにした。

加藤組合長が韓国を訪問する場合、その当時金浦空港に到着してすぐ農協大学にある農協運動の先駆者であるクォン·テホン元農協大学長の銅像と墓参りをした。事前に連絡してクォン·テホン先生の子孫も一緒に参加し、慰労の意を表した。

都市にある農地を垈地のような土地保有税を賦課する政府政策に消費者と農民が共に反対運動を展開し、現在のような都市農業が維持されるよう大きな功績を立てた。

練馬地域の北側に東京都西多摩郡日の出町がある。この地域は684年百済の貴族たちが建てた寺があったが、1890年に焼失した。100年が過ぎた後、1987年に韓国産木材、染料を使用して韓国の画家, 瓦工 ,石工など13人を招待して韓国様式の祠堂に復元した。

東京から太平洋側に数百キロ離れており、7人の神々が集まったという伝説の島、神津島に織田ジュリアという女性が信仰の対象となっている。ここに韓国のカドリック信者が毎年参拝する。織田ジュリアは百済王の子孫とともに豊臣秀吉の壬辰倭乱の時、キリスト教信者である小西行長によって東京に捕らえられてきた。幕末にキリスト教禁止令が下され、彼女は神津島に配流され島民から尊敬され、彼女の墓が島民によって保存管理されている。この墓地には住民たちの真心でいつも花が奉納されている。毎年5月にジュリア祭りが開かれ、韓国キリスト教徒の参拝客が毎年訪れる。多くの日本人はこれを知らないふりをするが、加藤組合長はこれを積極的に知らせ反省しなければならないと主張する。

1967年、練馬農協とソウル特別市農協が日本農協で初めて国際姉妹提携を結んだ。1972年2月に加藤組合長の斡旋で韓日両国農協中央会長の相互交流のために基本方針を記録した了解覚書を作成し調印した。

彼は高齢社会に直面して農民の福祉厚生問題の解決のために女性組織の活性化が必要だという彼の意見を受け入れ、韓国農協は全国農協に女性福祉課を新設し、30-40代の若い課長が担当することになった。

1980年代後半は農産物輸入開放議論になり、農業分野の研修団が年中続いた。 到底一人で手に負えないため、主要品目別に日本農協と韓国農協が姉妹提携を結んでおけば、事務所長の仕事が減るという気がした。また、桃は競争力があるという話も聞いて、韓国の桃の産地である全州農協と日本の山梨農協の姉妹提携を推進することにし、加藤組合長の協力を要請した。数日後、加藤組合長の事前調整で全州農協と姉妹提携をすることを決め、挨拶のために山梨一宮農協を一緒に訪問したこともある。その後、全州農協の孫炳哲(ソン·ビョンチョル)指導部長など2人が6ヵ月間、日本の桃農家で宿泊研修が実現した。

このような形の姉妹提携は、全羅南道の農協と広島農協、霊岩農協と群馬県沢田農協、羅州農協と日本の佐賀県の伊万里農協の姉妹提携推進は、一方の反対で実現できなかった。

1985年代、日本の街に通行する宅配貨物車に積まれた貨物が農産物が80%だということと新しい農産物卸売市場ができたという話を聞いて、これを調査して韓国農協中央会に報告したことがある。 しかし、その後聞こえる言葉は無駄なことをするなという話が戻ってきた。これを積極的に受け入れて韓国型宅配業務を開発したとすればという残念さが残る。

血は水より濃いという言葉をよく使う。一生を農業人と共にした加藤組合長は、練馬地域の特性上、1300年前の高句麗滅亡後、高麗神社周辺に住んできた1799人の流民の子孫だと考えたものと考えられる。 農業人とともに都市農業を守り、韓国の農業人を助けながら両国の親善のために一生献身した加藤組合長の職業観は、韓日両国の協同組合精神の象徴になったという点を忘れてはならない。

参考資料;〈都市農業一途〉加藤源蔵 練馬農協組合長

加藤源蔵組合長 - 自敍傳

4

地域社会と結婚した
矢羽田正豪農協組合長の
職業観

地域社会と結婚した矢羽田正豪組合長の職業観

福岡県と熊本県との縣境にある大山町は人口が1950年6500人で住民の大部分が農業に従事する山間僻地の山村だ。周辺が全て山に囲まれたところで、農業収入も県内で最下位の地域だ。当時、農協の組合長矢幡治美氏は　食量自給のために,米麦中心の政府政策とは逆行する方向で梅と栗を植えて所得向上を図るNPC(New Plum Chestnut)運動を始めた。1964年　同地域の中学校を卒業した現在の組合長の矢羽田は、隣接市にある農業講習所で農業全般を学んだ。矢羽田の父親と農協組合長の矢燔治美と親密な関係で農協に就職した。

矢幡治美氏は1954年から33年間、農協組合長を務めた。そのうち16年は大山町長も兼職した。行政と農協が共にNPC運動を効率的に推進するきっかけとなった。住民の所得向上のために稲作の水田農業から果樹農業に転換した。そうして当時、日本全国の注目を集めた〈梅　栗を植えてハワイ旅行に行こう〉というキャッチフレーズを掲げ、すべての住民も関心を持ってこれに参加した。その結果、計1130人がイスラエル、ドイツ、ハワイ旅行を体験して帰ってきた。その際 ,農協は組合員に旅行費用を全額無利子の5年償還で融資支援した。

その後、NPC運動は地域人材養成を目的として掲げた第2次(1965) NPC運動、住みやすい環境づくりのための第3次(1969) NPC運動として続いた。 そして、時代の流れに合わせて少量生産、多品目栽培で高付加価値農産品を生産販売する方向に転換した。つまり、これが一村一品運動の出発点となった。 時代の流れを読み、地域社会の生き方を示す指導者の役割が大山農協の生き残りの秘訣となった。

青少年期に農協に入ってきた矢羽田正豪に治美組合長は、「農協は仕事をする職場ではなく、地域を豊かにするための勉強をする農協大学だと考えるように」と話した。 20代前半の若い職員七人の研修の会として「青い太陽の会」を作り、彼らに現場指導しながら組合長の心の中では農協を導いていく次の後継者組合長であることを養成しようと考えた。青い太陽の会は一種の研究會であり、指導は治美組合長が担当した。

治美組合長は81歳で1993年に死亡したが、上司というよりは父親のように、先生のように指導してくれた。治美組合長は研究グループを作って指導しながら、その中から組合長が出てきて地域社会を継続維持するために後継者養成に力を注だという話もある。矢羽田正豪は治美組合長があらかじめ決めて組合長養成コースで訓練を受けたわけだ。

矢羽田の営農指導でエノキタケ瓶栽培が成功し、1988年155戸農家がエノキタケ栽培で約16億円（160億ウォン）を販売するに至った。

その当時は海外旅行が自由でない時、大山農協は「梅栗を植えてハワイ旅行に行こう」という現実性のない夢のようなスローガンを掲げ、全職員と組合員の研修教育を始めた。単純な旅行ではなく体験学習旅行と規定し、様々な角度と多種多様な体験を通じて組合員の視野を広げ、日常的な仕事と農作業に創造性を発揮するために組合員研修が必要だと考えた。

矢羽田正豪など職員たちはイスラエルの食糧生産拠点であるキブツ共同体で2ヵ月間宿泊体験もした。キブツの理念、組織、業務推進の姿勢を学んだ。イスラエル研修終了後約1ヵ月間、欧州、ドイツ旅行をした。ドイツの豊かな農村景観と大山の農村の姿を比較しながら夢を育む覚悟をするようになった。約100人の若い農民職員がイスラエルとドイツ旅行を通じて学び実践したことが今日の大山農協発展の原動力になったという。

今日の大山農協の一村一品運動の最大の後援者は、大山が属する大分県知事の平松氏だ。1978年、副知事だった（以前は国土交通省の大臣を務めた）平松氏をイスラエル研修者10人余りの〈世界を知ろう〉の会に招待して話を聞いた。若い農民農協職員たちの将来計画、夢、行政に対する願いなど多様な意見交換をした。その後平松は県の知事となった。就任するやいなや平松知事は、大山農協の一村一品運動を高く評価し、一村一品運動で大分県全体を発展させるべきだと提案し、任期中に推進して大きな成果を出し、日本はもちろんアジア諸国の注目を集めるようになった。

治美組合長は「物を売らずに大山町の自然と心を売れ」と若い職員たちに提案した。農家の生活と農産物生産の特徴と農家が追求する夢を説明せよ」と注文した。その時から職員たちは販売開拓など出張に行って商品の話というよりは、大山町の自然と物作りの心，伝統文化について話した。すると都市の顧客たちは大山に関心を持ち始めた。その頃の放送ニュース時間に〈梅　植えてハワイ旅行に行こう〉という大山のケッチプレイスがニュースで放送されたりもした。

「農業と農村を発展させるには農家が価格を決めて販売する直接取引方法だけだ」と誓った。直売すれば輸送費用もかからず、鮮度の維持が可能なので、消費者には最上の流通方法である。最初はこのような険しい山の中まで都市の誰が来るだろうかと懐疑的だったが、矢羽田は必ず成功すると信じて農協役員과 職員たちを説得した。商品の品質が優秀で消費者は栽培前段階の生産過程も知りたがっているという点を認識したためだ。

1990年、大山農協の農産物直売所〈木花ガルデン〉がオープンし、開場するやいなや顧客が集まって大盛況を呈した。 多品目栽培と有機栽培をしている農家が直接乗り出して農産物を説明することが消費者の心を動かしたのだ。 朝収穫した農産物と農家が加工した梅干し、ジャムなど素朴な農村の農産物がスーパーに陳列されたものとは味が全く違うことを認識するようになった。生産者自身が生産した農産物に価格表と自分の名前を表示し、またこの農産物が人気の中で売られているのを見て農民たちは力を得て、毎日毎日が生活に楽しさを感じて健康も良くなった。その後、周辺の隣接都市に13の直売店と農家食堂を開店し、農民の働き口も作られた。 年間直売所を訪れる購入者は240万人で出荷農家は2千人にもなる. 総売上高は16億円（約160億ウォン）に上る。

日本全国各地の農協が農村人口減少と高齢化などで大規模合併が進められているが、大山農協は組合員全員が合併に反対して小規模農協に自立の道を行くことに決めた。政府と農協中央会の方針は大規模統合を主張するが、もし合併すれば大山この地域は廃村になる恐れがあるということだ。 故郷の自然と文化がなくなるのは、日本人にとって大災害だという説明だ。

2010年組合長になった矢羽田は地域内にテーマパーク〈五馬姫の里〉をオープンした。30haの里山公園に約4万本の花の咲く木を植え、四季折々に新緑と紅葉が調和した自然の森公園を作った。最近のように新型コロナウイルス感染症によって海外旅行が不可能な時に都市地域の人々に故郷の田園風景を楽しめるようにする桃源郷のユートピアを構想している。年間来訪者は50万人を超える。

2020年からは農協直営の文産農場を運営する。町内 36の集落ごとに500坪のビニールハウスを設置し、キノコ栽培、クレソン栽培など高齢農民が体力に合う農作業と余暇生活を楽しめる文化と働き口を共に備えた施設です。 希望者は年齢にかかわらず農協契約職職員として採用して月8万円 (80万ウォン程度) 給与を支給する。農協から受け取った給与と年金で安心して老後を過ごせるようにするためだ。500坪のハウス施設費は行政と農協が50%ずつ負担した。

大山農協の役職員は組合長の指導で「旅行は学問だ」「読書は最上の知恵だ」という言葉を毎日聞きながら勤務し、今もこれを実践する過程にあると話す。そのためか、現在の組合長矢羽田の家の書斎はまるで農業専門図書室のような雰囲気だ。

最近、矢羽田組合長が送ってきた農協ニュースレターの組合長随筆にこのような内容もある。「農村が滅亡すれば国家が滅亡する。小説家の有吉佐和子は認知症や農村高齢化問題、環境汚染などを見て複合汚染という著書を残した。それでも農協があるから日本の農業が維持されている。」

農協は一般企業とは違っていなければならない。優秀な先進農家をごく少数作ることが目的になってはならない。農山村で生まれ、中学校卒業後、一生を農協組合員と共にする組合長矢羽田は、大山山村地域社会と結婚したという評価を受けている。一人の落ちこぼれのも出ない農家全員が一緒に成長する地域社会を作るのが大山農協の夢だ。これが協同組合の基本精神だ。一緒に働いて勉強して共に愛する大山農協の思想理念は、治美組合長から植え付けた大切な価値あるものだと彼らは思う。

矢羽田正豪組合長-家庭書齋

5

在日僑胞2世
河正雄先生の美術魂と
韓・日両国の愛

在日僑胞2世
河正雄先生の美術魂と韓·日両国の愛

2014年霊岩郡民の日の行事会場で河正雄(ハ·ジョンウン)先生夫婦に会った。それ以前にもアジア文化交流の会場などで少しだけすれ違ったことはあった。在日同胞2世であり、李禹煥作品など高価な美術品を霊岩美術館に寄贈し、彼の功労で　郡単位では珍しく品格の高い美術館として有名になったという話も聞いた。

彼は1939年に大阪で生まれ、幼少期に秋田県に移り住んだ。高校卒業後、電気製品の商店を運営して成功し、美術品コレクターとして活動しながら韓国人美術家の作品、李方子女史の遺品などを収集寄贈した。

彼は韓国と日本は一衣帯水として兄弟の国家であり、悠久の歴史がこれを証明すると常に主張してきた。 彼の両親の故郷である霊岩も故郷であり、彼が育った秋田も故郷であり祖国だ。 これは普通の論理であり、彼には二つの祖国を持っている点が宝物だという考えで一生を生きた。国家の間には歪んだ時もあるが、二つの祖国が愛し合って信頼する兄弟のようになることを願う気持ちでコレクションした美術品を両国に平等に分けて寄贈した。彼の愛が韓国と日本の友好親善の架け橋になってほしいというただ一念で一生両国を行き来しながら生きてきた。芸術家在日同胞支援と強制労役で犠牲になった朝鮮人の慰霊事業に献身しながら暮らしている。

河正雄氏は陳昌鉉氏と淺川攷兄弟を最も尊敬すると彼の自叙伝に記録している。河正雄氏は在日音響物理学者でバイオリン製作者の在日同胞陳昌鉉(チン・チャンヒョン)を積極的に後援した。チン・チャンヒョン氏が住んでいた日本の木曽路は、日本でも自然が美しいところとして有名だ。そのような美しい森の中の自然がチン・チャンヒョンの感性を育ててくれて、世界的なバイオリン製作も可能だったと思う。その後、チン・チャンヒョンさんが40年間研究して1961年に製作した10点のバイオリンを、日本人バイオリン奏者のシヌサキさんが全量購入してくれた。 1984年、世界で5人しかいない米国バイオリン製作家協会から無監査製作者としてマスターメーカーの称号を受けた。 これは日本社会で在日同胞1世が芸術文化部門で得た快挙と知られている。日本山梨県木曽路邑公園に設立された陳昌鉉記念碑に彼の自然観が記録されている。

「この世に無駄なものは存在しない。 存在するものは皆が必要な存在だ。試練も困窮も無駄なものではない。生まれ故郷を愛する人は幸せな人だ。 故郷を離れて暮らす所を愛する人はもっと立派な人だ。世界をすべて自分の故郷のように愛することができる人は新しい世界を創造した最高の人だ」と記録されている。

山梨県北杜市生まれの浅川伯教と浅川巧兄弟は、韓国民族の誇りである白磁青磁民俗工芸品を研究した学者であり、韓国語と韓国文化を理解し愛する人である。弟の巧は林業技師として韓半島の山林緑化事業に功労を立てた。二人の兄弟は韓国の自然と山川を愛し、歴史と文化を奥深い境地まで理解した。兄弟は国家や民族を超えて共生を主張し、国際親善の価値を主張した先駆者だ。

舞踊家の崔承喜(チェ・スンヒ.1911-1969)は朝鮮が誕生させた世界舞踊史上唯一無二の英雄であり、東洋人の心を舞踊で表現した革新的な天才舞踊家と評価されている。 彼は1935年に人気絶頂に達し、世界舞踊芸術の最高峰に達した。日本のノーベル賞受賞者である川端康成は「他の誰よりもチェ・スンヒは日本一舞踊家に違いない。立派な身体条件と踊りの大きさ、そして体から出る迫力が日本一だ」と話したと伝えられている。河正雄氏はチェ・スンヒの踊りを描いた美術作品と非常に貴重な映像フィルムを収集して光州美術館と淑明女子大学に寄贈した。

河正雄のコレクションは類例がない。文が人次第という格言のように芸術も人次第と言える。ハ·ジョンウン·コレクションは平和、愛、相互理解を実現するためにハ·ジョンウンが創造した芸術の表現方式という評価を受けている。

ハ·ジョンウンが田沢湖中学校時代、日本人先生から「自然と人々の生活を率直に眺め、その感動を描け」という言葉で指導を受けながら美術勉強をしたという。その教えがきっかけとなって美術界に入ったという。それで感謝の気持ちで田沢湖周辺に美術館を設立する計画を考えた。

彼が収集した李方子女史の朝鮮末期の悲運の歴史が残っている遺品685点は、日本の韓国文化院に寄贈した。この寄贈品は韓日併合前後の近代史を記録した記憶遺産だ。朝鮮末期の悲運の歴史がにじみ出ている文化財という評価を受けている。李方子女史は、「私の祖国は二人だ。一つは誕生したところ日本で、もう一つは私の骨を埋める韓国だ。私の心配は朝鮮人に対する差別と偏見だ」と話した。

ハ·ジョンウンの両親は秋田縣田沢湖を作るダム工事現場の朝鮮人労働者として徴用された。深い山奥の雪国、寒さと飢餓の中で重労働、事故死と病気などで亡くなった人も多かった。

彼らは田沢湖周辺にある洞院寺と田沢寺などに朝鮮人労働者無縁墓として残っていた。ここでハ·ジョンウンは25歳から在日朝鮮人画家の美術品を収集し、朝鮮人労働者の魂を慰めるために田沢湖周辺に美術館を建設する計画で建物設計まで完成したが、その当時韓日両国の国民感情が悪化し、日本地方行政で約束を破棄して失敗してしまった。

李禹煥(イ·ウハンと)の出会い

1984年、東京で開催された汎世界韓国人芸術家大会で李ウファンに初めて会った。彼はパリやボーン、ウィンなどヨーロッパで美術品展示会を開催したいが、500万円程度の費用を捻出できず悩んでいるという話を聞いた。その場で経費を負担するから作品としてほしい」と話した。数ヶ月後、13枚の木版画(FromLine.FromPoint,FromWind)と10号サイズ油絵を受け取った。その当時、イ·ウファンの作品は100号サイズが2億6千万円になった。

ハ·ジョンウンコレクションの性格と価値

ハ·ジョンウン氏は1990年から現在まで韓国と日本の美術館や大学に1万2千点以上の美術品と文化芸術資料を寄贈した。一個人のメッセな運動では国内でその例を見つけることはできないだろう。ハ·ジョンウンコレクションは収集方向を特定せず、ひたすら滅私奉公の倫理意識を持たなければならないというハ·ジョンウン個人の次のような人生哲学が溶け込んでいるという評価を受けている。 第一に、時代と人間の生活を記録した〈歴史の証言としての美術品〉、第二に〈社会的·政治的に恵まれない立場になって疎外される者、歴史の流れの中で悲痛な犠牲になった者を慰霊する祈祷の美術品〉、第三に芸術活動の究極的な目標であると同時に役割である〈人類を幸せにする美術品〉を追求しているという点だ。

ハ·ジョンウンが韓国11ヵ所、日本4ヵ所に美術品を分散寄贈した理由は、博物館や美術館が教育機関であり、美術を通じて国民に教育する場所であるため、均等に分散寄贈したという話だ。 最初のスタートは、田沢湖周辺に湖工事の際に亡くなった無縁故同胞の魂を慰めるために祈る美術館を設立するためにコレクションを始めた。そのような意味で韓国の津々浦々と少年期に育った秋田県に寄贈したので、彼の意思は十分に伝えられたという説明だ。

彼は小学校の時から絵が上手だと褒められた。展覧会に出品して賞状ももらったしかし、母親の反対で美術勉強をあきらめて就職するために秋田工業学校に進学して卒業したが、ハ·ジョンウン自身を除いてすべての卒業生が100%就職になった。ハ·ジョンウン自身だけが就職に失敗したのは、彼が朝鮮人だったためだ。

彼は東京五輪1年前に結婚し、電氣製品商を開業、すなわちテレビ、洗濯機、冷蔵庫が飛ぶように売れて大金を稼いだ。ある日、日本の絵を購入するために日本のデパートに行って、在日韓国人の全和鳳の弥勒菩薩の絵を購入した。その後、京都周辺の山奥にある全和鳳の画室を訪れ、ゴミのように放置された美術作品を鑑賞した。作品はまるで日本の抑圧と差別を受けて苦労する韓民族の魂の絶叫を描いた絵に見えた。この作品すべてが韓日歴史の流れの中で描いた在日韓国人の暗鬱さを表現した作品に見えた。ハ·ジョンウンは自分がこの作品を守らなければならないという使命感を直感した。それで、その時から在日同胞たちの絵をすべて収集するという決心をした。すると、これを見た人々は、「お金にならないゴミのように暗い絵をなぜ購入するのか」という声を聞いた。ちょっと変な人だと思って精神健康を診てもらうように勧める話も聞いた。

結果的にハ·ジョンウンは美術界の天才という称号も付き、美術品の遠い未来価値を見抜くという評価も受けた。李ウファンのモノ美術を理解する天才収集家というニックネームもつけられた。

20世紀、そして21世紀の美術を通じて歴史を解明し省察し反省しようという話だ。次世代の子供たちの教育をハ·ジョンウン美術館で行い、作品を通じて世の中を観察するために美術作品を収集したという説明だ。過去の歴史の中で不幸だった虐待を受け差別を受けたその方々の心に平和を抱かせ、治癒しなければならないという考えで美術品を収集した。ハ·ジョンウンコレクションは、そのような人々の魂を慰め、心の平和を回復できるように助けてくれると信じている。

ハ·ジョンウンコレクションは個人の救いを越えて戦争などすべての抑圧と貧困が解消され平和と愛が来ることを祈る遠大な哲学的意味を持って出発した。これは在日韓国人の人権回復から始まり、韓半島の平和統一と韓国と日本の人権から出発し、両国の共存を祈願するメッセージも込められている。光州の5月精神と一脈相通じる哲学が盛り込まれている。

ハ·ジョンウン先生の著書に〈念願の美術〉、〈私の二つの祖国〉、〈毎日一歩〉などがある。ハ·ジョンウンコレクションは光州、在日韓国人、恵まれない者、苦しむ者の理解と治癒を通じて鬱憤を愛に昇華させ、人権の伸張、人類の平和と正義の実現を訴えるメッセージを与えている。

筆者はどんな些細な欲もなく厳しい環境で生まれ、財産を蓄え、これを韓国と日本、そして人権の伸張、世界の平和のためにコレクションをした河先生の人格を限りなく尊敬します。

河正雄先生-河美術館

6

山田俊男参議院議員の 24年間 農政活動

山田俊男参議院議員の24年間 農政活動

山田俊男議員は富山県で生まれ、東京の早稲田大学政治経済学部を卒業し、日本農協中央会職員として入り、農政部長 専務理事を歴任した日本農業政策専門家として知られる。彼は日本農民を代弁する立場で農協組織の農政活動をリードする理論と現場経験が豊富な人物だ。筆者とは日本事務所勤務時代、彼が農協中央會の農政部長の時によく会った。ある時は、政府の農産物輸入開放政策の懸案を持って、日本農林水産大臣と直接テレビ対談するなど、日本農協の実質的な看板の役割を果たした。彼の意見と今後の方向を聞くために公私の席でよく会い、酒席も共にした。

彼が日本農協中央会で定年退職をすると、故郷の富山県砺波農協では帰郷して組合長を務めてほしいという要請があった。山田はこれを受け入れて帰郷して組合長を引き受けるつもりもあったが、彼の夫人の反対でこれをあきらめた。

一方では彼の情熱を長い間見てきた日本の組合長たちが参議院出馬を勧めた。彼は全国農協組合長らの要求で2007年参議院全国区候補として自由民主党の公認を受けて出馬した。農協の外郭組織である全国農政連合の支持を受け、45万票を得票して自民党内で2位に当選し、農林水産委員会所属で議政活動を始めた。2013年には34万票、2019年には22万票を得て3回目の当選を果たした。慣例的には参議院議員を3期続投すれば農林水産大臣になり得ると聞いており、農林大臣になることを期待する。

2015年のある日、有機農産物流通会社の株式会社大地の総会会場で山田議員に会い、夕食を共にする席で久しぶりに会った。会が終わって山田から自分の家に行って一晩泊まって行けと提案された。東京周辺の千葉県にある彼の家までタクシーを1時間乗り、彼の家に到着した。以前からの知り合いの彼の奥さんが喜んで迎えてくれた. 敷地30坪程度、2階建ての家で、1階に部屋1間と台所があり、2階に部屋2つがある。私に1階に寝ろと言って山田夫妻は2階に上がった。家の規模も家具なども素朴すぎてびっくりするほどだ。家が素朴で狭い家なので、日本人は普通親しい間柄でなければ自分の家に行こうという話をしない。日本で5年間勤務し、数え切れないほど往来したが、自分の家に招待されたケースはわずか3回あった。

彼の普段の話と日本の知人と教授たちの話を総合してみると、国家の公職者や団体などで名誉を持ったため財産は持たないという説明を多くの階層の人々からほぼ共通の話を聞いた。親しくしていた日隈教授も総長を務めるように言われたが、研究に専念できず断るという話を聞いた。

参議院で18年間『ただ農業政策』『食糧争奪時代の日本農政』『日本農業再生』『農業と日本の再生計画』などの著書を出版した。これらの本は全て農協系統の家の光出版社に出版し、全国の農協職員が多数購入すると聞いた。また、環太平洋経済連携協定（TPP）反対運動の最先鋒に立ち、議政活動を行う。そして各国は自国農業の多様性、気候風土を含む日本農協の特性を基本に認め、農産物貿易をしなければならないという論理を展開する。彼は普段から食と農業を疎かにすれば国家は存在できないという話を常に主張した。そのため山田議員を後援する農協農政委員会など4団体が6回の政治資金募金パーティーを開催し、政治資金を集めたという。

山田議員が中心となって立法した法律案として、都市農業振興基本法、農業後継者育成確保促進法、農業が有する多面的機能発揮のための交付金交付に関する法律、緑茶振興支援法などを制定した。

昨今、世界の食糧事情は長い間過剰状態だったが、一気に逼迫状態に転換した。その主な原因は中国とインドの経済発展だ。 中国は13億~14億人にのぼる世界最大の人口だ。 中国の経済事情を見れば成長は鈍化しているが、漸進的に米国と欧州より早く経済回復を見せている。

世界銀行が発表した2008年の1人当たりGDPは、中国が5962ドルで、インドが2762ドルだ。日本は3万4千ドルだから、中国がまだ遅れているのが事実だ。しかし、中国は所得水準が急上昇しており、食生活の高級化傾向も見せている。油菜と大豆を使った食用油を大量に使用し、肉類の消費が急激に増えている。もちろん飼料はトウモロコシと大豆だ。このような中国の食生活の変化は、世界農産物貿易に深刻な影響を及ぼしている。 大豆を見ると、長い間ブッセル当たり4-5ドルだった大豆価格が2007年から2008年の間に急騰した。2008年7月にはブッセル当たり16.63ドルまで値上がりした。大豆価格急騰の背景にはトウモロコシでバイオエタノール生産のために大豆生産量を減少させたためだ。

中国の食生活の変化によって、食肉生産に必要なトウモロコシを大幅に国内生産に転換し、大豆生産を減少させた結果だ。

米農務省の統計によると、中国は2006年、2007年に米国とブラジルなどから大豆を4000万トン輸入した。これは、大豆の世界貿易量の54%に上る。

さらに、2005年の世界人口は65億人だったが、2050年には92億人と予測される。現在も発展途上国などでは10億人が飢餓状態に置かれている。大幅な食糧増産の可能性がない状態で増えていく世界人口をどのように食べさせるかが重要な課題となっている。

このように見れば、各国は限られた農耕地を最も効率的な方法を探さなければならない。農地専用規制を強化し、耕作放棄農地を活用して農業後継者が安心して生活できるよう支援するなど、国民の基礎食糧は国内生産で自給できる基盤を作ることが急務だ。稲作維持のためには水資源と山林資源の確保のために日本の50%の自治体は森林環境税を賦課している。

30年間農協組織で農民の所得増大と地位向上のために働きながら培った実力と経験を再び人生の後半戦に入って最後まで農業人のために献身する山田議員の職業精神を高く評価し、限りなく尊敬する。

山田俊男参議院議員 當選祝賀會

7

農村現場で農民と共にする小松光一教授の職業観

– コロナによるパンデミックは、工場型農業が主犯

農村現場で農民と共にする小松光一教授の職業観

- コロナによるパンデミックは、工場型農業が主犯

1985年9月、日本の東京事務所に赴任し、言葉も下手で地理もよく分からず、関連団体の人事のために訪問などで慌ただしい時期だ。この時、家之光出版社の総務部長である修道氏の紹介で小松光一教授を同年11月に初めて事務室で会った。

彼は翌年春に韓国農村を見学する計画だが、韓国日程中に訪問先斡旋など協力してほしいという用件だった。その当時は本部との業務連絡がすべてテラスで行われる時である。彼は韓国に到着した農協中央会議広報室の斡旋で坡州民統線付近の農家を訪問し、台所と甕台を好奇心を持って覗き見、味噌と醤油の味を手でつけて食べてみるなど好奇心旺盛な方で広報室が後で知らせてくれた。農民とも対話を交わすなど、非常に興味深く考えているということだ。.

そのような縁で小松教授と親しくなり、韓国研修団や国会農水産議員などの日本農村訪問を斡旋するなど、積極的に協力

を惜しまなかった。彼の弟子たちの中で立派な農家を紹介してくれて訪問すれば説明もよくしてくれて、手厚いもてなしも受けた。小松教授は農村の青年たちに人気講師として知られていた。

その当時は海外旅行が自由でない時だったため、農協の役職員はもちろん、国会議員や農林部の高位公務員が米国や欧州訪問後、東京に立ち寄ると必ず農家視察を斡旋せよという連絡が頻繁だった。あまりにも頻繁に同じ要求を受けるので、視察予定農家を品目別にあらかじめ決めて特別管理をするつもりで小松教授に相談したら、すぐに自分の教え子の中で成田空港近くでキュウリ栽培をしている石田光信さんを紹介してくれた。その石田さんとは韓国の農協、国会など高位層の突然の訪問も受け入れてくれて親戚のようになった。帰国後、彼を韓国に招待してキュウリ栽培団地を巡回しながら講義もした。あまりにも頻繁に訪問して交流をしながら石田の母は筆者を東京に住む息子と言うほどになった。

小松教授と一緒に訪問したところが長野県飯田市、島根県八坂村、茨城県角田市など日本10ヵ所余りにのぼる。これら農家とは今も友人のように親戚のように電話などで交流しながら過ごしている。有機農産物の日本最大流通業者である大地を守る会の藤田会長とも小松教授と親しく交流が始まり、今も電話とメールでよく連絡交流している。

小松は千葉農業大学の教授職を定年退職し、退職金として1千万円ほど受け取った。彼は退職金全額をタイの山岳少数民族であるラフ族の教育農場を購入する基金として寄贈し、定年後約10年間タイのラフ族村に行って暮らしながら、彼らの所得増大のために彼の2毛作人生を出発した。筆者は農民新聞の社長を務めていた時、役員らの海外研修地として欧州農村南米の農村を取り上げていた時、小松教授のいるタイ山岳民族村を訪問したことがある。ラフ族はチベットから来た少数民族で、色とりどりのチョゴリを着ており、遊びなどが我が民族と似ている点が多いという感じがした。

彼の妻マキさんはモンゴルの障害者を助けるボランティア活動を一生行っている。日本の車椅子中古品を購入し、喜捨を受けてこれを修理してモンゴル障害者に送る運動をしながらモンゴルを頻繁に行き来する。

小松教授夫妻の住む家にもよく行った。東京の下町にある部屋一つと台所がある13坪程度のアパート一間だ。最初はその家が自分の所有だと思っていたが、後で見るとよく引っ越すのを見て聞いたら、自分の所有の家はないということだ。

彼は北海道で生まれ、千葉県立大学の教授、大地を守る会の顧問、帯広農業塾の塾長、角田市農業振興公社顧問などを歴任している。著書には「人と村と祭りの地域論」、「進化する日本農業」、「北タイ火田民村の天地有情」、「山間地農村の産直革命」など20冊余りの著書がある。小 松教授の著書は、日本農村の青年たちに人気が高い。

小松教授の最近の著書には次のような文章がある。

"南米アマゾンに住んでいるヤノマメの人たちは感染症が拡散すれば散らばって暮らして、やがて感染症の憂慮がなくなれば再び村に集まって群れを成して暮らす風習を持っている。村の語源は群れから来た。すなわち人類は互いに共同体の場所を大切にしてきた。人類には歴史的に長い間共同体という中間組織があった。 個人対国家ではなく、個人は互いに連結して集団を成して共同体を作り、国家や外部と対応する方法だ。共同体で知恵の交感とコミュニケーションの中で生きていく知識と知恵を交わしてきた。この2年間、新型コロナウイルスの混乱の中、過密都市東京からわざわざ過疎の農産村に入ろうとする動きも現れている」。

国連食糧農業機関(FAO)の2019年資料によると、全世界の食糧の80%は小規模家族農家によって生産される。韓国と日本の農業生産の相当部分を支える主体が中山間地の農家だ。これら小規模の家族農家がなければ、韓国も日本も国民の食糧を調達することは難しいだろう。

工場型農業は野生生物の減少と世界野生牧草地破壊の主な原因だ。 家畜を工場で飼育することは効率的ではあるが、その餌を生産するのに広大な土地が必要であり、それが野生地に対する人間の侵入と生息地の破壊を起こす。そのため、工場型農業とコロナによるパンデミックは密接な関連があると思う。すなわち、COVID-19によるパンデミックは、まさに工場型農業が主犯だという判断だ。

農業青年たちと外国の障害者たちを助けながら、無所有の人生を生きる小松教授夫婦の人生は、私たちに多くのことを示唆している。 新型コロナウイルス感染症の危機を迎え、彼は生命が危篤な場合になっても、他の若者を先に治療し、自分は生命延長のための医療措置は受けないと宣言した覚書を自筆で書いて、厚袋に入れて暮らしていると伝えてきた。私は小松教授夫婦の健康を守るように神様にいつも祈っている。

小松光一教授と藤田會長

8

日本農協の将来の方向性を提示した秦野農協

故 松下雅雄 組合長

日本農協の将来の方向性を提示した秦野農協
故 松下雅雄 組合長

10年前、東京のオリンピック青少年記念館で行われた地産地消関連の国際シンポジウムに出席し、朝早く新宿からロマンスカーに乗って秦野市農協に行った。組合員数は14,400人（準組合員5,800人含む）で、預受金は2,372億円、貸出金は420億円で、預貸率が30%程度である。職員数は365人で、当期純利益を6億円程度出す中規模の農協だ。秦野市農協は日本農協の中でも組合員教育を最も熱心に行っている農協と評価されている。

韓国の知道農協と姉妹提携を結んで組合員と組合員の子供などの相互交流を熱心にしており、10年余り前から学生たちの書道と絵など作品を相互交流しながら展示し、学生たちの国際的な感覚増進にも役立っている。

韓国農協中央会の職員たちは日本農協をベンチマーキングするために日本をよく訪問するが、その中でも秦野農協を最も多く訪問する。秦野農協はアジアとの共生（その他の組合員との共生、地域社会との共生）を組合経営基本方針に定めており、その一環として韓国農協との交流を重要視する。

秦野市の人口は16万8千人で、東京のベッドタウンの役割をする。故松下組合長は、都市化と農民の高齢化が進む中、地域農業を活性化させるかが最も重要な課題だと考えた。ちょうど松下組合長は2000年、ソウル良才洞（ヤンジェドン）のハナロクラブを視察した後、地域内にファーマーズマーケットを設置することを決心した。参謀たちにソウルに出張を送ってハナロクラブを視察し、報告書を作成させたという。

彼らはファーマーズマーケットの愛称を地方産ズ(s)で公募して決定し、2002年11月売り場面積187坪、駐車場260台規模でオープンした。

生産者と消費者の交流を通じた地域活性化

そしてファーマーズマーケットを現在の農村環境を勘案して組合員中心に運営するために設置目的を次のように明確にした。

1) 地域農業に関する情報提供と生産者と消費者の交流を通じて地域振興と地域活性化を図る。
2) 販路の多様化と産地間の競争や国際競争の激化に対応し、農産物の市場外流通拡大と販路確保を図り、農産物の適正価格販売及び農業所得の安定に寄与する。

3) 高齢化時代に対応し、高齢者や女性等を主な対象として少量多品目農産物の販路を確保するとともに、消費者のニーズに応じた有機減農薬農産物の普及と生産拡大を図る。
4) 新鮮·安心·安価な農産物を年中消費者に安定的に供給するとともに、店頭精米方式の精米所

を設置し、地元産米「きれいな水の秦野米」というブランドで消費拡大を図る。運営方式は生産者から販売委託を受けた新鮮で安全な地域産農産物や加工品などを消費者に中間経費なしで安く提供する方式とする。この方式は生産者と消費者の交流を促進し、生産者を組織化して生きがいを感じさせる一方、生産者に地域産農産物と加工品のブランド化や地域農業の発展に寄与するようにしている。出荷を希望する農家は農作物と加工品を直接生産·製造する秦野農協の組合員とその家族とし、農協と販売委託契約を締結する。

毎朝収穫して出荷された野菜類が50品目で、手作り加工品や切花、植木鉢などを含めると100品目余りが陳列されている。毎月15日と月末を基準に販売代金を精算する。この時、販売手数料15%とバーコードラベル発行実費を控除し、25日と来月10日に農協の出荷者口座に入金する。

2014年3月決算までは販売額が10億円程度達成すると松下組合長は予測し、毎年20%程度ずつ売上高が成長する理由は、新鮮で安全な農産物であることが消費者に認められたためだという。

ここで重要な役割を果たしたのが音声案内システムだという。出荷農民が明け方に生産し、当日7時30分頃、売り場に出荷した農産物が15分ごとにいくつ売れたかを分かるように音声案内システムを導入した。例えば、朝出荷して畑から携帯電話で音声案内システムに電話して全て売れたことが確認されれば、再び収穫して出荷するので、新鮮な農産物をすぐ消費者が購入できるということだ。

管内農産物が80%

農産物の80%は地域内農産物で、残りの20%は全国40の農協が運営する農産物直売所と提携して出荷を受けている。地場サンズの開設に中心的な役割を果たし、日本農協の準組合員問題専門家である宮永均さん（現組合長）は、「生産すれば売れる時代ではない。生産者の名前が今はブランドになっている」と説明する。

出荷農家間の善意の競争もする。他の農家が栽培しない農作物の生産に挑戦したり、絶えず他の出荷者と比較しながら相手が出荷したものがなぜよく売れるのかを調べるために比較検討し、アイデアを導入するのに余念がない。そのためか、以前は見られなかった中国人が好んで食べる野菜を栽培して陳列したり、ヨーロッパで人気のある野菜を地域で栽培して販売したりもする。現在出荷登録された農家はオープン当時は300戸だったが、今は650戸に増加した。戸当たり平均120万円だが、最高1千万円以上を出荷する農家もある。

地産地消と身土不二

直売場の正面壁には地産地消と身土不二の額が並んでかかっている。　松下組合長は、「日本政府が農政の核心事項として推進する地産支所より、韓国で推進した『新土不二運動』がはるかに強力な訴求力があると考えられ、一緒に歩いた」と説明する。ところで韓国では身土不二運動が忘れ去られていくようで残念だと話す。

秦野農協は高齢組合員の要求で老人福祉施設「デイケアサービスセンター」も運営する。毎日　高齢者を自動車で連れてきて、一日中介護し、午後5時に帰宅させる事業だ。

農協建物の隣に300坪の敷地に174坪の建物を建て、受発保険対象者40人が利用する。投入された費用は2億円程度という。重症認知症患者の場合、一日8時間受発するのに1万円かかるが、個人の負担は1千円に過ぎず、残りの9千円は社会保険である介護保険で充当される。人を派遣する訪問介護も行う。1時間以上1時間30分未満の場合、身体の介護は600円、生活援助は300円だ。 残りの90%は受発保険として処理される。 農協の福祉施設運営は組合運動としても重要な事業であり、組合経営面でも必要な収益事業という説明だ。

2014年から日本政府主導の農協改革の方向性が議論された。 すなわち、農業人の組織である農協が農民でない準組合員の数が正組合員である農民の数より多いという点と信用事業が中心になることは望ましくないということだ。このような雰囲気の中で、秦野農協は農民だけの組織から脱し、非農家の住民も農村地域を構成する協同組合の同志として受け入れ、鄭組合員と準組合員がともに食糧と農村を守る協同組合にならなければならないと考え、地域農業振興計画を樹立発表した。 純粋な専業農地帯である北海道でも非農民である準組合員の割合が80%である点を勘案すれば、今は農民だけの農協組織は存続が不可能だという判断で政府も認める雰囲気だ。

新型コロナウイルス感染症以降、農産村の生活に関心のある都市住民が増えている。農産物直売所を運営しながら登録顧客(約650人)で〈農業を楽しむクラブ〉を作って農産物収穫体験を実施している。カーネーション栽培農家は、花の収穫体験をする「カーネーションクラブ」を運営している。

家庭で日常的に消費する野菜を栽培しようとする都市人には、種まきから収穫まで農家の指導を受けながら栽培体験が楽しめる体験農場(約30坪)を提供し指導する。本格的に農業を学んで就農しようとする都市人には、〈秦野市民農業塾(行政と農協がともに後継農民育成学校)〉で栽培技術を1年間基礎から学ぶことができる。収支計算しながら作付体系を作り農家として自立できる実践的授業を進める。実際、市民農業塾を卒業して管内で農地を借りて販売農家になった都市住民が15年間で83戸になる。

新型コロナウイルス感染症で2021年には農村生活を希望する都市住民が増え、日本全国各地で花と野菜苗の販売が急増した。秦野地域でも学校の授業がインターネット遠隔授業に転換され、親と子供が一緒に農作業体験を楽しむ家族が格段に増加した。狭い家を離れ、自然と共にする農村の暮らしを体験する都市人が急増したのだ。週に2~3回、簡単に農村地域に接近できる農村で、さわやかな空気と自然の中で生活できる都市周辺の農村地域を訪れる人が急増した。これは大都市が失われた農村らしさと相互扶助の人間関係がまだ残っている〈農村のような都市〉の魅力が認められるためだ。

私達一行を案内した組合長は、ファーマーズマーケットを運営することで農民が農家所得を上げることはもちろん、組合員の生活の質が向上したという、農民が活力を取り戻すことになり、高齢者の健康寿命が延長されたという点が最も重要だと話す。輸入開放と都市化、高齢化で地域農業が活力をますます失いつつあったが、ファーマーズマーケットの開場で組合員が農協中心に団結し協同組合の必要性を組合員皆が実感するようになったということだ。夕食を終えて私たち一行を見送りながら現　宮永均組合長は「時代の変化とともに絶えず変化しながら組合員の要求に応えることだけが秦野市農協が生き残る道」と強調する。秦野市農協は日本農協の成功モデルであり、農協と農村の未来方向を提示したものと認められている。

秦野市農協松下雅雄組合長-韓國 青梅農家訪問

9

有機農産物流通業

- 大地と藤田和芳会長の職業観

有機農産物流通業
– 大地と藤田和芳会長の職業観

「農薬の危険性を百万回叫ぶより、一つの無農薬大根を生産して食べることが社会と国を変革させせる力だと思う。」

有機栽培という言葉さえ耳慣れない1975年、農村運動団体「大地を守る会」の創設を主導した藤田和芳会長が著した「大根一根の革命」という本に出てきた話だ。

藤田会長はキリスト教大学の尚志大学を卒業した。大学時代、学生運動をして、「どうすれば社会を変えられるか」をいつも悩んだ。卒業の頃には社会を変革させせる活動をすると決心した彼は農村運動に飛び込んだ。国民の生命を救わなければならないという召命意識の発露だったと彼は言う。国会議員の公認を与えるという政界の要求も数回受けたが、彼はきっぱり断って50年間、同じ道を歩んでいる。

農薬、化学肥料だらけの近代農法ではなく、健康な土壌作りに心血を注いで自然の力を活用した有機農業を生産者と消費者が一緒に手を取り合って育成していこうと決議した。それが国家と民族の発展のための緊急なことだと考えた。

2016年まで大地を守る会は2500人余りの生産者会員と6万人の消費者会員、そして5つの子会社の法人会員で構成され、主に環境運動と市民運動を行う。株式会社　大地は生産者会員と消費者会員のパイプ役割をする物流組織を運営し、各地の活動拠点となるセンターを建設しながら有機農産物の共同購入と宅配事業を行う。残りの会社は有機農業農家を支援するための基金運営会社、そして有機農産物で直接調理して販売する飲食店経営をする会社などだ。

1977年には大地を守る会の流通部門として株式会社大地を設立した。 全国各地の有機農産物生産者と提携し、誰もが安全な食品を買って食べられるよう消費者のネットワークを広げながら安心して食べられる農畜産物、水産物、加工食品などを提供できるよう全力を傾けた。同時に持続可能な第一次産業の発展と医·食も含めた生活全体の安全を守ることを目指し、環境ホルモン·遺伝子組み換え食品の排除·食糧問題など様々な活動を行ってきた。この団体はアジアの農民やNGOとも結びつきながら国際的なネットワークも形成しつつある。 このような活動を通じて「自然環境と調和し、生命を畏敬する社会の実現」を目指すとしている。

大地を守る会は 2017年 同種業者であるオイシックス株式会社と経営統合し、また別の有機農業宅配会社を買収し、現在は4.000人の生産者会員と45万人の消費者会員を持つ大型有機農産物販売会社となった。会社名もオイシックスラ大地株式会社に変更し、3500品目を流通させ、年間売上高1400億 円(1兆4000億ウォン)に上る大手会社となった。

昨年から売上高が急激に増えたが、これはヨーロッパなどの多くの国で有機農産物 新鮮野菜にはホワイトケミカルという免疫力増強要素があり、新型コロナウイルスに勝てるという研究論文が発表されてからだ。

千葉県に住むある消費者会員宅で民宿できる機会があった。家の主婦山田さん(50歳)は大地の農産物は 一般スーパーより1.5倍高いが安全で安心して10年 以上 利用しているという。また、鮮度が良く果物も味が良く、肉類も加工食品も品質が優れているため、価格が少し高いのは問題ではないという。 大地が主管する生産者と消費者の交流活動にも積極的に参加し、環境運動にも参加しながらやりがいを感じるという。

大地は生産者と消費者の交流活動を重要視する。相互信頼と安心感がさらに広がるよう生産者と消費者、都市と農村、日本と世界を結び、顔を互いに向き合う関係を作ってこそ、世界平和が訪れるという彼の職業観だ。田植え行事体験、加工工場見学、加工体験などを実施する。また、北海道から九州まで日本各地の生産者を訪問し、話し合う滞在型産地交流旅行も斡旋する。東京近郊で生産者、消費者家族みんなで参加する収穫体験や生産者との交流などを毎年開催する。

年に一度、全国各地から生産者と消費者、そして大地の全職員が参加する東京集会は、数万人が集まる大規模集会で有名だ。皆が交流を通じて一家族になったわけだ。生産者と消費者が共同体を成したと見ることができる。

大地を守る会の重要な市民運動を見ると、遺伝子組み換え食品反対運動、夏の夜一時的に電気を消す「100万人ろうそくの夜」行事、コメ自給率向上運動、ゴミリサイクル運動、安全な学校給食普及運動など多様な運動を他のNGOなどと共に連帯して開催する。特に農業問題や学校給食問題、そして100万人の青年農村会期運動などは農協と共に開催し効果をより一層高めている。

彼が生まれた日本の東北側農村を懐かしむ気持ちが、彼の一生を農業と農村のための道に案内したという。生産者と消費者が共にする協同組合が理相村、すなわち農山村ユートピアを建設することが藤田様 の職業観であり夢だ。

藤田和芳会長, 京畿道キムジャン農家訪問

10

故 日隈健壬教授
- 農村の現場が彼の研究所

故日隈健壬教授

– 農村の現場が彼の研究所

筆者は40年間農協で働いた。1965年に入社して農村指導、経済事業、信用事業など多様な仕事を地方とソウルを行き来しながら勤務し、2005年に退任した。一つの職場で40年を過ごした時間を振り返ってみると、名誉というよりは恥ずかしい考えが先立つ。その理由は何だろうか。農民が豊かに暮らすどころか、輸入開放などで冷遇される農村になってしまったためだ。果たして私は40年間何をしたのか振り返ってみると、月給をもらって私自身の栄達だけを考えて生きてきた人生ではないかと自責していると顔が恥ずかしくてたまらない。

退任後、2毛作の人生をどうするか悩んでいた時、日本修道大学の日隈健壬教授に会うことになった。日隈教授は全羅南道霊岩郡と康津郡など韓半島の西南部側に関心が多く、特に農村地域の社会学研究に関心が深かった。自然に筆者と韓国農村を歩きながら話を交わす機会が多かった。特に韓国と日本の農村を比較研究する彼の姿からは多くのことを学ぶことができた。日隈教授は夏休みの時、日本の大学生たちと一緒に韓国農村を訪問して調査もし、老人福祉施設を訪ねてボランティア活動をしたりもした。

このように縁を結んだ日隈教授は2005年のある日、筆者に日本の農業、農村文化についてもう少し勉強したくないかと提案してきた。筆者は待っていたかのように広島にある修道大学の客員研究員の資格で広島に行って1年間研究員生活をすると言った。同年8月末、妻と一緒に広島に到着し、日隈教授の特別な配慮で客員研究員生活が始まった。

客員研究員になった筆者は修道大学の在学生と卒業生など10人余りの日隈セミナーチームとともに広島北部と鉱山地域など農産村地域を見学し、日隈教授の説明を聞くことができた。広島にいる間、日本の農村地域約30ヵ所を訪問した。当時、日本農村訪問記録を光州日報に連載したこともある。島根県の農村では、学生運動をしていた指導者たちが廃墟化していく農村を起こすために有機農業団地を作り、直接消費者に販売する直賣市場を運営する姿も見られた。

2007年には日隈教授の提案でNPO法人韓日農業農村文化研究所（日本広島市登録法人）を設立した。韓国と日本の農業と農村を愛する人々が集まって勉強し親睦を図る会だ。 数回にわたって討論会を開き、シンポジウムも開催した。NPO法人は、韓国と日本の農業農村問題だけでなく、両国の友好増進にも重要な役割を果たしてきた。

2008年夏休みの時は修道大学の学生10人余りと筆者の故郷の村を訪問し、住民の福祉現況と老人たちの意識調査をしたことがある。その当時、日隈教授と学生たちは公民館で寝たり、ラーメンを食べながら現場で学生たちを指導した。日隈教授の農村に対する強い教育者の信念を感じることができ、長く記憶されている。

韓国と日本は隣接国家であるため、歴史的にやり取りする関係が非常に多い。韓国には隣はいとこという言葉もある。遠くにいる親戚より近くに住んでいる人がいとこという意味で広く使われている。 国家間でもそうだと私は思う。

日隈教授は、「大学の学長を務めるように」という設立者の勧めを多く受けたが、断ったという。学校経営に専念すると、教授の本業である研究を疎かにするしかないという理由からだ。学長の地位より平教授として研究業績を残すのがよりやりがいのあることだという日隈教授の説明だ。

第1次産業である農業と農村の問題は、地球村の環境問題とともに、すべての人類共通の課題のようだ。学問と理論よりは現場で答えを探すために行政科学者、住民が乗り出す姿を日本のあちこちで見ることができた。

日隈教授は大学で講義よりは農村の現場を訪問することを重要視する。その理由を尋ねた。彼は農村現場で農村の問題を発見できるが、その答えもそこにあるからだと答えた。

日隈教授だけでなく、頻繁に会った一村一品運動の専門家である東京大学の今村奈良臣教授と早稲田大学の柿崎教授、法政大学の小松光一教授もそれぞれ地方に研修施設である宿を持って運営する。 柿崎教授は、合掌造りの地元で有名な山村地方自治体の教育長も務めていた。スクは学校教育の延長線で農村現場の青年たちを指導する不定期私設研修院だ。

ある日、今村教授の農村青年教育場に参加して講義を聞いたことがある。彼は「東京のような都市には文化というものがない。農村地域には数百年続けてきて地域を発展させ活気に満ちた伝統芸能伝統文化がある。胸を張って自信を持って伝統芸能と伝統文化を子孫に伝える義務がある。このような役割を最近農協で行っている農産物直売所が引き受けなければならない」と強調した。筆者も柿崎教授と小松教授の農村塾に参加して、韓国農業と農村を知らせる講義をしたことがある。

2007年ある日、筆者は日隈教授一行と全羅南道珍島郡（チョルラナムド・チンドグン）を一緒に訪問した。高校の後輩である朴柱彦（パク・ジュオン）文化院長の案内を受け、壬辰倭乱(文禄・慶長の役）の時に戦死した日本人の無名の集団墓があるという事実を聞き、現場を訪れた。この墓は日本人に徳を施したという意味で「倭徳山」と呼ばれていた。

この時の訪問をきっかけに毎年8月に修道大学生と今治の來島(鳴梁海戦で戦死した倭軍長寿）記念事業会の会員たちが倭徳山を参拝する行事を行うことになった。倭徳山関連の韓国と日本のマスコミ報道もしばしばあった。これがきっかけになって全羅南道が主管する鳴梁海戦記念行事に毎年、來島記念事業会の会員が多数参加している。

2014年2月、広島の知人から日隈教授が癌判定を受けたが延命治療を拒否し知人と親戚に最後の講義をする予定だという連絡を受けた。1ヵ月後の3月1日、農協信用代表取締役の李之黙様とともに広島のあるホテルで日隈教授の最後の講義に出席した。 情熱的にいつもと変わらない農村に対する講義は、多くの人の心に響く名講義だった。その後1ヵ月後、日隈教授が運命したという連絡を受けた。彼の葬式には家族だけが出席したという。

農村現場に農業の問題もあり、解答もそこにあるというのが日本の教授たちの一般的な職業観だ。そのため、日本の教授と学者たちは生きている学問をしているという評価を受けている。

故 日隈健壬教授，生時最後の講義

11

1,300年を続けてきた
浅川兄弟の
各別な韓国愛

1,300年を続けてきた浅川兄弟の各別な韓国愛

2022年1月30日午後、地下鉄と電車に乗って忘憂里駅で降りた。忘憂駅から共同墓地に行く方向を鉄道庁職員に聞いてみたが、分からないということだ。しばらく迷ってタクシーに乗って10分ほど行って忘憂里墓地管理事務所に到着した。

左に登山路を登って薬水場の表示板が出てきて、もう少し上がるとチ·ソクヨン年宝碑がある。そこからさらに5~6分上がれば右側に浅川巧墓が見える。墓の主人は日本による植民地時代朝鮮で韓国人の「真の友人」として暮らした日本人浅川巧(1891~1931) だ。

タクミは朝鮮総督府林業研究所に勤め、当時は画期的な「チョウセンマツと五葉松の露天埋葬法」という養苗法を開発した。彼はこれを活用して朝鮮の山林緑化に努めた。このおかげで、日本の木材収奪で裸になった韓国の山々は、緑を取り戻すことができたという評価を受けている。

京畿道光陵の樹木園も彼の企画で誕生し、国立山林科学院庭園の有名な1892年生まれの松も1922年に紅波初等学校にあったのを彼が植え替えたのだ。巧は朝鮮陶磁器に魅了された実兄の浅川伯教(1884~1964)とともに朝鮮文化芸術保存に重要な役割を果たした「朝鮮民族美術館(後に国立民族美術館)」の建設のために自分たちが集めた各種民芸品数千点を寄贈した。

朝鮮民族美術館の建設は日本人民芸運動家で美術評論家の柳宗悦の役割も重要だった。柳は朝鮮総督府の朝鮮人弾圧に対して「反抗する朝鮮人より愚かなことは圧迫する日本人だ。」と非難した。彼は日帝が景福宮と光化門を撤去することに最後まで反対した。

巧は「朝鮮の小盤」、「朝鮮陶磁名考」のような朝鮮陶磁と民芸に関する本を出版するなど、朝鮮文化財研究の成果を盛り込んだ数冊の本を残した。タクミは1931年の植樹の日の行事を準備する 41歳で亡くなり、「朝鮮式葬儀で朝鮮の地に埋めてほしい」と遺言した。この公園にはタクミ墓の他に韓半島にポプラとアカシアを初めて植えた初代山林課長の斉藤登作の写真と表示板はあるが、墓地は発見されなかった。

タクミ墓地の追悼碑には「韓国の山と民芸を愛し、韓国人の心の中に生きていった日本人、ここ韓国の土になる」という文字が書かれている。墓地には彼を尊敬る韓国人と日本人訪問客が絶えない。昨年、彼の故郷である日本山梨県北杜市の支援で整備され、訪問客がより楽に訪れることができる空間に変貌した。タクミを研究するキム·ソクグォン元国立山林科学院博士は「数多くの林業技術を開発し、光陵樹木園も全てタクミ作品だが山林庁にも学界にも彼を研究する人がいない」として「日本人なので不便を感じているのではないかという気がする」として残念がった。今年はタクミがこの世を去って91周年になる年だ。彼の命日である毎年4月2日、伯教·巧兄弟顕彰会が巧墓域で追悼式を開催する。

2人の兄弟の故郷である山梨県北杜市の浅川兄弟追悼会も追悼の辞を送ってきた。盧致煥（ノ·チファン）顕彰会事務総長は追悼式で、兄の伯教が1945年、日帝の敗戦で朝鮮を離れることになると、巧の墓前でいつまた来れるか、約束できない心境を込めて詠んだ詩を初めて公開した。詩の内容はこうだ。「墓に咲いた野花を私たちに捧げて安らかに眠れるように。 いつか訪ねてきてくれる人がいるはずだから。」

浅川兄弟が生まれた故郷は、日本の富士山の裏の南アルプス山付近に山梨県北杜市がある。以前はこの地域を巨摩郡すなわち高麗郡と呼んだ。この一帯は高句麗が滅亡し、王族が避難してきた到来騎馬人が入ってきて定着したという。彼の故郷の村には2001年に浅川伯教、巧兄弟資料館を設立し、韓国と日本の友好親善のための情報発信地になることを希望するという記録がある。

ここに第日同胞でメッセナ運動家の河正雄氏は浅川兄弟を追慕するために韓日両国の石で作られた記念碑を資料館のそばに寄贈した。

日本書紀の記録を見ると、若光は高句麗の使節団として日本に到着した。建国して700年間アジアで強国だった高句麗は、羅唐連合軍に滅び、若光とその後に亡命してきた高句麗民族は、日本の東京近くの7地域（静岡、山梨、神奈川、千葉、茨城、栃木など）に分散して暮らすようになった。

このような理由から浅川巧兄弟は、彼らのルーツが高句麗人だと思った。そのため高句麗民族の血が故郷である韓国に来るように呼んでいるようだという告白をしばしばしたという話もある。

太平洋戦争後、この地域に米国人メソジスト宣教師ポラッシュがここに来て病院農場、農業学校、保育園を建設し、青年たちに信仰心と教育で日本再建の拠点になるよう貢献した。彼は戦争で敵国である日本に来て、戦争前後を通じて居住しながら人道主義を自ら実践した霊的指導者の痕跡が多く溶け込んでいるところとしても有名だ。彼の影響で浅川家はメソジスト信者になった。古くからこの地域は高句麗族が入ってきて暮らしながら名馬の産地として知られている。

この地域で生まれた浅川伯教と浅川巧兄弟は韓国の文化と芸術 山林緑化部門に多大な貢献をすることになる。兄の伯教は韓半島に来て朝鮮陶磁器の調査研究に生涯を捧げた。 朝鮮陶磁器の神様という称号を受けたこともある。彼は朝鮮が好きで朝鮮人を愛し、朝鮮の山野と民芸の研究調査に一生を捧げた人だ。

彼の弟の浅川巧は、朝鮮林業試験場の技師として韓半島の山林緑化のために大きな業績を残した人だ。兄の伯教は1913年、朝鮮の美術を研究するため、日本の家と田畑をすべて売却し、ソウル南大門公平小学校の教師として勤めた。彼の弟の巧は兄を慕っていたが、1914年に勤めていた秋田林業試験場を退職し、朝鮮総督府の職員になって養苗実験の業務を担当し、松の養苗にも成功した。兄弟は朝鮮民族美術館の設立計画を立て、朝鮮の陶窯址を全数調査して採集した陶磁器の破片を美術館に寄贈した。彼の兄伯教は『李朝陶磁器要籍一覧表』を著した。

浅川巧を哀悼する文が「人間の価値」というタイトルで1934~1947年まで日本の中学校教科書に載せられたこともある。経済的に豊かでない巧は、朝鮮人同僚林業試験場職員の子供に学資金を支援した。韓服ズボンのチョゴリを着て食べ物も韓国式を食べたし、韓国語も流暢だった。酒もいつもマッコリばかり飲み、彼の官邸は韓国人同僚たちのサランバンのようだった。

ズボンのチョゴリの韓服を着て下駄を履いて長いキセルをくわえて棒帽子をかぶり、3食で編んだ姿を背に市場に行って朝鮮人の骨董品、陶磁器を買い集めた。そのような奇妙な姿のため、日本巡査部長の調査を何度も受けたこともある。タクミ自身のお金で足りなければ借金まで得て作品を購入し、朝鮮民族美術館に陶磁器と工芸品3千点と陶磁器破片30箱を寄贈した。

ある日、彼の日記には「疲れて疲れた朝鮮人よ、他人の真似をするより、自分が持っている大切なものを守っていれば、まもなく自信に満ちた日が来るだろう。これは工芸だけではない」と記録した。彼は普段もいつもこのようなことを言っていたと彼の友人たちは伝えている。「朝鮮人と日本人の親善は政治と政略では不可能だ。それよりは朝鮮と日本の文化と芸術を相互交流することで可能だろう」と述べた。

弟の巧は朝鮮の美術, 工芸, 林業に関する多くの論文を残した。彼が著述した『朝鮮の食卓』は民族美術館に保管されており、非常に重要な価値があると評価されている。彼は1931年4月2日、植木日の記念式典を準備していたところ、急性肺炎で死亡し、彼の遺言によって忘憂里墓地に安置された。

その他にも朝鮮人が日本人の死を惜しんだ他の事例もある。すなわち、日本初の宣教師、則松正康（1863-1921）は水原に東信教会を設立し、朝鮮人宣教のために献身した。彼は、神奈川県庁の公務員として生きていたところ、亡命中の朴英孝に会い、韓国宣教を決心したという説もある（日本基督同信会100年史）。

木浦で生涯戦争孤児を育てた田内千鶴子と独立運動家の朴烈を物心両面で後援した彼の妻金子文子がいるという点を私たちは覚えてほしい。朴烈と夫人の金子文子は、日本で反日活動を主導した。この時裁判を受け、朴烈は朝鮮官僚の礼服である思慕館隊を、彼の夫人文子はチマチョゴリを着ていた。

おそらく、ここまで韓国を愛する日本人浅川巧は、彼の先祖のルーツが高句麗人であり、高句麗人の血が流れていると信じたためだろうか。高句麗民族の血が彼ら兄弟を先祖の故郷韓国に来いと呼んでいるようだという話をたびたび告白したという話もある。「血は水より濃い」という言葉もあるが、1300年前に分かれた血は、いかなる文化と環境でも韓民族の特徴を維持し、綿々と流れてきたという証拠だろうか。

浅川巧様 － 韓国に植えたモミの森 － 油絵

12

40年間農業人の生命と
安全を守る生活を送った
日本農協職員
三廻部眞己博士

40年間農業人の
生命と安全を守る生活を送った
日本農協職員 三廻部眞己博士

1984年ソウルで農協中央会後援で國際農村医学会総会があった。 韓国と日本の医学者たちが参加する会で、日本農協·神奈川県農協中央会生活部長三廻部眞己に初めて会った。三廻部氏は、初対面だが、ソウル近郊の農協と農村見学を斡旋するよう要請した。この時初めて会ったのが縁で、その翌年東京事務所長に赴任して彼の家に招請も受けて相互交流が始まり、東京勤務5年間多くの協力を受けた恩人だ。三廻部氏は東京農業大学卒業後、神奈川県農協中央会で営農指導、生活部長を歴任した。その後農林省農作業安全研究委員、労働省労働災害防止技術指導員、日本農業労働災害学会初代会長に選任された。そして、「日本は農民の健康管理は発展したが、農作業事故に関する研究は後進国だ」とし、「これは日本人の人道主義的精神が足りない」と非難した。

1987年、三廻部氏と筆者は共同執筆した次のような内容の論文を長野県佐久病院で開催された農村医学会総会で発表した。農作業の機械化進行で人体事故が頻発している。日本農林省の事故統計によると、1961年から 1993年までの33年間、13,090人が農作業事故で死亡した。1年平均397人が死亡するという点だ。重要な問題点を要約すると次のようになる。

1) 他の産業の労働災害で死亡事故の割合が急激に減少しているが、これとは逆に農民の農作業事故死亡率が増加傾向だという点。

2) 1千人当たりの事故発生比率が建設業の8.5に比べ、農作業は13.5で危機業種になっているという点。

3) 事故要因が就農者の高齢化や農作業現場の不安定状態など農業構造上の問題が起きていること。

上記のような現象であるにもかかわらず、農業構造改善は不可能な状態であり、今後の農作業事故の頻発が社会問題になっているという点だ。農作業の安全は農家個人に任せておいては改善が不可能だ。これは農協が組織的に地域農業安全管理活動を発展させ、農作業事故死を防止できると提言した。農村医学会と農協厚生連合会病院、地域農協が参加して農作業事故防止と事故補償を実施するモデル農協を設定して指導し、これを土台に全国農協組織の活性化が達成できる。農協組織が農民の健康と生命を守るのはヒューマニズムの発現だ。農作業事故を防止して生命を守る農協組織に変貌しなければならない。オーストリアの航空会社が世界で最も安全だ。航空機事故が最も少ない会社だ。

個人の資格でオーストラリアの航空会社を訪問して、どのようにして航空機事故が少ないのか？ 調査した。結論を他の航空会社と違って事故が起こりそうになった危機の経験を申告することになっている。 このような場合、他の航空会社は規則違反で処罰するので、瞬間のミスを報告せず、経験を資産と見ないことになる。オーストリア航空会社の安全対策を日本の農作業事故の減少とその解決のための非常に重要な資料を見つけたとし、三廻部の興奮した姿が今も生々しい。 彼は40年間農協中央会で営農指導部長と生活指導部長を歴任し、農作業事故の解消問題を40年間着実に研究してきた日本国内の第一人者になった。

農作業事故の減少と対策を研究した本も10冊余り発刊した。農作業中の事故の危険を避けるために「要注意、注意しろ」という抽象的な言葉では農作業事故を防止できないと主張し、行動で実践が先だと話した。農協組織は農作業事故防止を営農指導の中心に置かなければならないと主張した。

令和元年5月10日に三廻部 死亡したとの連絡を受けたが、葬儀には出席できなかった。その後1年後、日本農業新聞の金チョルス記者とともに、彼の家の近くの寺に行って弔問をし、彼の家を訪問した。彼の生前の書齋と生活道具 書籍、韓国農協中央会の功労書などがまるで生きている時のようにそのまま保存しているのを見ると、彼との生前の友情が思い出され、しばらく憂鬱になった。彼は最後の遺言で、「いつかは韓国の玄氏が来るだろう。その時、これを玄氏に伝えなさい」と話したとし、農作業安全関連書籍と各種資料、そして高級最新型カメラを私に渡した。

農作業労働災害の原因が農民の責任ではなく、農業機械製造会社の製造の缺點だという論調で常に政府に抗議すると、農林省は一時、三廻部氏を「共産主義者？」という烙印を押した。田んぼの土手が でこぼこしているのは当然のことで、これは農民の責任ではない。国家の責任だ。これをあらかじめ想定して農機械を製作しなければならない」と主張した。彼は止まらず、農業人の生命を守ることが農協組織の使命であり、彼の研究目的だと主張し、一生を農業人の生命を守る人道主義者として生きた。

三廻部眞己博士-韓國農協講義

13

白川町を守る
柿崎京一教授の職業観
- 1kgのCO_2削減条件で
宿泊料金20%割引

白川町を守る柿崎京一教授の職業観

- 1kgのCO_2削減条件で宿泊料金20%割引

日本がすべての面で近代化を志向している時、その流れに合流できなかった地域が一つや二つではない。ここ白川町は交通の便が悪く生活環境が不便で近代化の流れに便乗できなかった代表的な地域の一つだ。白川町は名古屋からバスで2時間かかる岐阜県大野郡に位置し、特別な資源のない山間地に560世帯、1900人の住民が住んでいる。

この地域は1995年ユネスコの世界文化遺産に指定され、今は毎年200万人の観光客が訪れる。 合掌の郷里、茅葺きの家の形が手のひらを合掌した形と同じであることに由来する古い名称。このような建築物の故郷という意味）白川町の農業は山菜、ほうれん草、キャベツ程度で、専業農家は2世帯程度で農村だが、農業はあまりない。旅館、民宿、食堂、記念品商店など第3次産業が70%に達する。このように観光産業が発達したのは、都市の人々が他の地域で感じられなかった魅力をこの地域で感じることができるためだ。

白川町は岐阜県の北端に位置し海抜1300~2700mの険しい山々が四方を屏風のように遮っている山間村として林野が96%に達し農耕地は0.4%にしかならない貧しい山村渓谷村だ。初冬の11月から雪が降り、1~2月頃には積雪量が過去10年間平均2m、多い場合には4mまで積もり、1年のうち約4ヶ月は雪で覆われている。

このように白川は山勢が険しい奥地であるだけでなく、雪と雨がたくさん降って人間が生活するには自然条件が非常に悪いところだ。悪条件の中で生き残るために血なまぐさい努力をしてきたのが白川の歴史だ。

白川町をこのように全国的に有名にしたのは、独特の4~5層構造の葦で屋根をつなぐ合掌造りの家である。家族30~40人が一緒に暮らせるほど規模が大きくても釘を全く使わずに建てたのが特徴だ。建物の大きさは多少差があるが、長さが22m、幅が13m、そして高さが14.5m、建築面積が338㎡にもなる5階構造の大規模複数建物だ。

この地域の人々は養蚕を重要な産業として維持するため、独特の住宅構造と大家族制度を維持しながら、合掌の家を保全してきた。しかし1960年、日本経済の高度成長と生活に不便を感じた一部の住民が、合掌の家を都会人に売却することになり、売却された建物は東京など大都市に移され飲食店として使われ、一部は米国に移築されたりもした。

1971年、白川の山本という地方議会議員が先祖から受け継いだ貴重な遺産である合掌造りの家を保全すべきだと主張し、地域住民20人とともに自然環境保存会を結成した。この時からカッショー集の保存と生活文化の重要性を再評価するようになった。住民のこのような動きを見た日本政府は1976年、重要伝統建築物保存地区に指定した。

このような建物の形態と大家族制度は、その当時の重要産業である養蚕業と密接な関連がある。 養蚕をするためには広い空間と集中的な労働力が必要であり、その労働力を確保するために独特の養梅(男が密かに女の寝所に入り情を通じて求婚する風習)婚という結婚制度があった。

すべての家族は共同で食事と農作業をした。このように伝統文化を保存している建物だが、1951年には275棟あったが、今は100棟が移築され、175棟程度が残っている。合掌家は木と葦の屋根で作った家なので保存が難しく、40~50年に一度屋根を再び改築しなければならない。1995年に世界文化遺産に指定されてからは、改築費用の90%を国と地方自治体が負担した。白川は伝統建築物を保存するだけでなく、伝統食品と工芸品を作って贈り物として販売し、伝統音楽と踊りと民謡を非常に重要視しながら観光商品化した。

昼休みに入った食堂では主人が火鉢の火のそばに座って石器時代の人のように石で作った道具でクルミを割っている姿を観光客に演出するのが印象に残った。ここでは観光客がそば作りとぴったり作りを体験し、伝統茶を飲んで一緒に踊ることもできる。

合掌の屋根つなぎ作業も観光商品化した。東京などから200~300人の青年たちが参加し、1日2万円（約20万ウォン）を払って屋根結び作業をする姿は一大壮観だ。5月の田植えシーズンには、合掌の家の周辺にある田んぼに田植え作業が盛んだ。伝統衣装と笠をかぶって手植えをする姿と、合掌屋の美しさが調和し、観光客の人気を集めている。景観と文化を観光資源化したと言える。

白川町の観光資源である合掌造りの家を火災から守るため、20年前に3億円を投資して消防施設を設置した。毎年冬になる前に消防点検をするために全住民が集まって20分間消防訓練をするが、この時の写真を撮るために1000人程度の写真作家が全国から集まる。

12月から1月中旬頃、雪が積もる季節になると、合掌の家と町の周辺を一斉に照明灯を灯して夜景を美しくするイベントを開催する。この姿を見るために日没時間に合わせて観光客が多く集まる。10月中旬にはマッコリを作って観光客と地域住民が一緒になって伝統舞踊と芸能を楽しむ。

白川町で2005年8月には世界文化遺産指定10周年を記念して、「生きている遺産を未来へ」というテーマで国際フォーラムに開催された。白川町は、世界文化遺産でありながら人々が実際に生活する場所であることや、これを次の世代に継続させることが重要であることから、このようなテーマを設定した。海外からは白川のように生活の場が世界遺産になっているフランスのサンテミリオン、イタリアのアルベロベロ、アフガニスタンのバーミアン、フィリピンのコルディレラスなどから行政専門家が参加し、日本からは岐阜県の関係者や文化庁など保存に関する専門家が参加し、50年後の未来世代にどのように文化遺産を伝承させるかが重点的に議論された。白川町は慶尚北道安東河回村とも姉妹提携を結んでいる。

筆者は白川町の大谷さん夫妻が経営する「五右衛門」という民宿で1996年に柿崎教授の紹介で宿泊したことがある。12年が過ぎた2008年5月、大山農村文化財団の研修生たちと共に夕暮れ時にしばらく訪問した。事前に連絡もなく突然訪れた筆者を12年前のことを思い出しながら喜んで迎えてくれた。

2007年までに約10万人が宿泊して帰った。彼らとは年賀状や手紙を頻繁に交換して親戚のようになる場合が多い。中には30年以上交流する人もいれば、第2の故郷と考えて年に数回訪問する場合もある。

自動車大手の豊田会社は、白川住民の要請で、この町の丘に「豊田白川自然学校」を設立して運営する。豊田自然学校を運営する「白川自然共生フォーラム(NPO)」は、白川町、環境NGO、豊田自動車が共に参加し、地球環境問題を忠実に推進している。大企業が地域社会と共同で設立した日本でも珍しい形態の組織だ。〈自然との共生〉〈地域との共生〉をケッチプレイスとして運営し、多くの人が自然の重要性を認識できるよう教育と広報を行っている。

重要な事業は、青少年の自然環境教育と指導者の養成、環境教育の普及と開発、地域活性化に関する協力、環境教育に関する書籍及び教材の製作販売、環境教育に関する調査研究政策提案、コンサルティング、植樹割当て等、環境の再生と保全、国内外の環境団体との交流等を事業とする。

宿泊客は1泊2食料金を支払い、インタプリター(自然のメッセージを人間に通訳するという意味で解説者のこと)による周辺自然と森の解説など自然学校の講義と案内を楽しむことができる。宿泊客は1日1kgのCO^2を削減するキャンペーンに参加すると宣言すれば宿泊料金20%を活人してくれる。地域との共生を実現するため、宿泊客の朝食は村に降りて民宿や食堂などで日本の伝統料理を食べるようにする。

セミナーハウスは環境にやさしいモデルを目指している。木材質のバイオマスを利用して暖房し、雪を貯蔵して夏に冷房をする。風力と太陽光発電、高気密、高断熱など多様な環境技術の展示室になっている。

規模は異なるが、多様な形態の自然学校が日本全国に約2000校が活動中だ。それだけ持続可能な社会を作るための自然保存と地球環境教育が重要な時点だという意味だ。

30年間の指導者養成と耕雲塾運営

白川村の今日があるまで多くの地域住民と指導者の努力があったが、大谷さんのような地域住民自らが伝統文化と建築物の価値を認め保存するために努力した点が目立つ。1970年代、地域住民と行政機関が近代化の高慢な流れと逆行しながら伝統文化と遺産を保存した点も世界文化遺産に登録されるのに大きな役割を果たしたと考えられる。

一方、柿崎教授は30年間、この村の指導者養成のための耕雲塾を運営し、地域の若者20人余りを地域活性化のリーダーとして育成してきた。早稲田大学退職後は5年間、同地域の教育長として活躍しながら人材養成に力を入れた点を地域住民は高く評価する。柿崎教授は遠く北東部にある山形県にも農村青年たちを養成する耕雲塾を運営する。耕雲塾には、地域の青年農民30人を不定期に講義するところだ。ここに筆者も講師として招待され青年たちと一夜を過ごしたこともある。

地球環境問題が重要な課題として浮上する最近、世界的な自動車メーカーであるトヨタ自動車会社は、自然との共生、地域社会との共生をキャッチフレーズとして自然学校を設立し、青少年の自然環境教育とSDGs実践のための教育に努力している点が非常に印象的だった。

白川町が時代の変化とともに変化と革新もするが、守るべきことは守りながら発展を維持することは、地域住民とともに隣のおじさんのように生活しながら生活の中で指導してきた柿崎教授の独特な職業観の結果だと、彼らは異口同音で語る。

柿崎京一教授–白川町の消防訓練の様子